一口气读完大宋史

（修订版）

孙秀玲 著

長春出版社
全国百佳图书出版单位

图书在版编目（CIP）数据

一口气读完大宋史 / 孙秀玲著. — 修订版. — 长春 : 长春出版社，2023.1

ISBN 978-7-5445-6936-1

Ⅰ. ①一… Ⅱ. ①孙… Ⅲ. ①中国历史-宋代-通俗读物 Ⅳ. ①K244.09

中国版本图书馆 CIP 数据核字（2022）第 227142 号

一口气读完大宋史（修订版）

著　　者　孙秀玲
责任编辑　孙振波
封面设计　楠竹文化

出版发行　长春出版社
总 编 室　0431-88563443
市场营销　0431-88561180
网络营销　0431-88587345
地　　址　吉林省长春市长春大街309号
邮　　编　130041
网　　址　www.cccbs.net

制　　版　佳印图文
印　　刷　吉林省科普印刷有限公司

开　　本　880毫米×1230毫米　1/32
字　　数　191千字
印　　张　9.25
版　　次　2023年1月第1版
印　　次　2023年1月第1次印刷
定　　价　39.80元

前　言

宋朝是上承五代十国、下启元朝的一个朝代。从后周殿前都点检赵匡胤发动“陈桥兵变”，黄袍加身，建立大宋朝开始（960），到最后一位皇帝赵昺在崖山被元兵追逼，由丞相陆秀夫背负投海自尽（1279）为止，共历 18 位皇帝，319 年。根据国都及疆域的变迁，宋朝又分为北宋（960—1127，定都开封）和南宋（1271—1279，定都杭州），合称两宋。

宋朝是中国历史上经济与文化最繁荣的朝代之一。北宋时期出现了中国古代四大发明之印刷术和火药。宋朝当时的经济总量占世界的一半，人口繁盛，商贾云集，文化和海上贸易都极度兴盛。在大宋王朝的 319 年中，人才辈出，文化成就、商贸工艺不逊于大唐王朝。北宋大儒张横渠先生甚至留下了“为天地立心，为生民立命，为往圣继绝学，为万世开太平”的豪言壮语，广为世人传颂，志趣何其高远，人格何其伟岸，气概何其不凡，以至于宋朝被西方学者称为中国的“文艺复兴”。著名史学家陈寅恪曾言："华夏民族之文化，历数千载之演进，造极于赵宋之世。"

然而，翻开宋史，展现在我们面前的却是败绩累累、满纸辛酸的历史事实，这不禁令人扼腕叹息：大宋朝怎么竟然还是中国历史上最软弱、最窝囊、最无能的朝代呢？319年的岁月竟然有260多年要向北方的蕞尔小国称臣纳贡，皇帝们胆小如鼠、苟且偷安、贪图享乐，大臣们党同伐异、钩心斗角、奸佞当道、忠良冤屈，将帅地位低下，军队人数众多却不能战，几乎是每战必败，学者们道貌岸然又狭隘保守。

柏杨先生在《中国人史纲》中讲了宋代理学创始人之一程颐的一个小故事。程颐之前，中国对妇女的贞操问题一向尺度很宽。比如做过宰相的范仲淹的母亲，在范父死后即行再嫁，并没有人轻视她。可是程颐却想入非非，订立刻薄片面的标准，只准男人随便再娶，绝对不许妇女再嫁。有人问他："寡妇贫苦无依，能不能再嫁？"他断然说："绝对不能。有些人怕冻死饿死，才用饥寒做借口。饿死事小，失节事大！"

如此重视气节的大宋朝，是不是应该铁骨铮铮、自强自立、自尊自重呢？三个多世纪的大宋史扑朔迷离、纷纭复杂，个中曲直，我们尽在后文一一道来；是是非非，留待读者朋友们细细研判。

目　录

欲出未出光辣挞，
千山万山如火发。
须臾走向天上来，
赶却残星赶却月。

——〔宋〕赵匡胤《咏日》

陈桥兵变

公元 907 年，唐朝灭亡，华夏大地从此陷入长达 50 多年的乱世之中。这期间，天下似乎失去了约束，群雄四起，军阀混战，各地纷纷自立门户，建立割据政权。从公元 907 年到 960 年的 53 年的时间里，中原一带相继出现了后梁、后唐、后晋、后汉、后周五个朝代，史称“五代”。与此同时，在南方和黄河以东地区，先后产生了吴、前蜀、吴越、楚、闽、南汉、荆南（南平）、后唐等十个割据政权，史称“十国”。

“五代十国”是强梁横行、肆意杀伐的兵匪天下。在半个世纪的历史隧道中，无论是更迭而出的五代君王，还是割据一方的十国主君，都是依靠手中的兵权演绎着杀伐兵变的武打剧，在相互争战和仇杀搏击中兑现各自的生存筹码。

如此这般，在风云变幻的 50 多年中，这些匆匆的历史过客们你方唱罢我登场，“皇帝轮流做，明年到我家”，仅五代王朝就更换了八姓、十四位君王。为了争夺皇位，军阀们的铁蹄踏破山河，搅得天下动荡不安，生灵涂炭，黎民百姓饱受兵燹之灾。

“天若有情天亦老，人间正道是沧桑。”值得庆幸的是，历史的年轮终于在悲惨中转到了 951 年，时局的狂飙开始有所减弱。

乾祐四年（951），中原后汉宰相郭威[①]发动政变夺取政权，建立了后周，并决意结束乱世。登基之后，郭威慨然表示：“朕起于寒微，备尝艰苦，遭时丧乱，一旦为帝王，岂敢厚自奉养以病下民乎?”

郭威勤于政务、励精图治，中原一带的百姓渐渐过上了安定的生活。

显德元年（954），周太祖郭威英年早逝，其养子郭荣（本名柴荣）继承了皇位，此即“五代第一明君”——后周世宗。

周世宗柴荣即位后，加强了中央集权，提高了军队的战斗力，并着手统一天下。先后发兵征服了后蜀的秦（今甘肃天水）、凤（今陕西凤县东）、成（今甘肃成县）、阶（今甘肃武都东）四个

---

① 郭威（904—954），邢州尧山（今河北省隆尧）人，五代时期后周王朝的建立者，公元 951—954 年在位。郭威原本姓常，幼时随母亲改嫁郭氏，改姓郭。契丹灭后晋，沙陀部人刘知远起兵太原，自立为皇帝，国号汉，史称五代后汉，封郭威为枢密副使。后汉隐帝时，又提升郭威同中书门下平章事。后来，汉隐帝猜忌郭威。乾祐四年（951），郭威弑杀隐帝，代汉称帝，建都汴（今河南省开封市），国号“周”，建元“广顺”，史称“后周”。

州；夺取南唐的淮南和江北十四州。显德六年（959），周世宗北伐契丹，欲收复燕云十六州[1]，不料途中染病，不得不返回开封。

柴荣病倒后，四方诸侯“惟京师之有变”而蠢蠢欲动。此时，病危的柴荣心中清楚，拥兵自重的武将很可能趁机发动兵变、夺取政权。据说，在北伐途中，柴荣见到了一个长约二三尺的木牌，上面写着“点检做天子”的字样，令他对手下的殿前都点检萌生疑忌。

殿前都点检是禁卫军的最高将领，掌管禁卫军中最精锐的部队。时任都点检的是柴荣的姐夫、郭威的女婿张永德。为了防范这个皇族成员发动政变，确保7岁的儿子柴宗训在自己死后能坐稳皇位，柴荣决定解除张永德的军职，任用与皇室毫无关系、看上去忠诚厚道的赵匡胤为殿前都点检，令其掌握禁卫军大权，辅佐幼主。

一切安排妥当不久，39岁的柴荣匆匆离世。

然而，柴荣死后仅半年，他最信任的部将赵匡胤便轻松地夺

---

① 燕云十六州又称“幽蓟十六州”，即幽州（今北京市区）、蓟州（今天津蓟州区）、瀛州（今河北河间）、莫州（今河北任丘北）、涿州（今河北涿州市）、檀州（今北京密云）、顺州（今北京顺义）、新州（今河北涿鹿）、妫州（今河北怀来东南）、儒州（今北京延庆）、武州（今河北张家口宣化区）、云州（今山西大同）、应州（今山西应县）、寰州（今山西朔州市东北）、朔州（今山西朔州市）、蔚州（今河北蔚县西南）。它们是中原的屏障，具有重要军事地位。

取了皇位，结束后周两代共 9 年的统治，建立了大宋王朝。

赵匡胤（927—976）出生于洛阳夹马营的一个官宦家庭。父亲赵弘殷原是后唐庄宗李存勖的爱将。后来，后唐被后晋所灭，后晋又被后汉所灭，赵弘殷在改朝换代中逃过了一次次的“清洗”，仍然在新王朝中担任武将，而赵匡胤则在动荡的时代里长大成人。

在军营中长大的赵匡胤受环境影响，从小喜武厌文，练就了娴熟的骑术和高超的武艺。在那个马上得天下的时代，19 岁的赵匡胤已经成家，却还是白丁一个、寸功未立。后晋开运三年（946），赵匡胤毅然离家外出，决心闯出一番事业，然而浪迹天涯两年，仍然一无所获。

后汉乾祐元年（948），赵匡胤漂泊到河北邺都（今河北大名东北），投靠后汉军队，当了一名普通士兵，开始了戎马生涯。20 岁刚出头的赵匡胤勇武善战，很快受到郭威养子柴荣的赏识，并将其留在身边，任命为开封府马直军使（府属骑兵指挥官）。

乾祐四年（951），郭威发动兵变，灭掉了后汉，建立了后周王朝。赵匡胤追随柴荣东征西讨，屡立战功。到广顺三年（953），赵匡胤因战功卓著被提拔为驻滑州（今河南滑县东）军队的副指挥使。

显德元年（954）郭威病逝，周世宗柴荣即位。同年二月，北汉对后周发动进攻，双方战于高平。

当时，赵匡胤随周世宗前往迎敌。由于北汉军人多势众，后周大将樊爱能、何徽畏敌如虎，临阵脱逃。以至于开战不久，北汉军队就占了上风，后周军队阵脚大乱。万分危急之时，赵匡胤表现得果敢英勇，在周世宗的指挥下，与禁卫军统将张永德并肩作战，奋勇破敌，后周军队转败为胜。

高平一战，奠定了赵匡胤的政治地位。战后，赵匡胤被周世宗破格提拔为殿前都虞候，成为禁卫军的高级将领，并受命整顿禁卫军。在赵匡胤主持下，后周禁卫军汰除老弱，调选天下勇壮之士到都城，组建了一支殿前劲旅。统军的将领叫殿前都点检，由张永德担任，而赵匡胤则接替了张永德原来的职位，升任殿前都指挥使。

此后，赵匡胤又随同周世宗征讨南唐，平扬州、下寿春、得泗州，尽显威勇，愈加受到信任。

跻身禁卫军高级将领后，赵匡胤开始积极发展自己的势力。他以拜把兄弟的方式聚拢了一批生死与共的死党，号称“义社十兄弟”。这“十兄弟”包括石守信、王审琦、韩重赟、李继勋、刘庆义、刘守忠、刘廷让、王政忠、杨光义，个个都是手握兵权的高级将领。赵匡胤利用整顿禁军之机，将其麾下的心腹安插到殿前诸军，出任各级将领。此外，他还与赵晃、高怀德、慕容延钊、朝令坤等禁卫军高级将领结为好友，相互支持。

南唐战役以后，赵匡胤着意组建了自己的智囊团，将赵普(922—992)、王仁瞻、楚昭辅、吕余庆及弟弟赵匡义等人聚拢在身边，形成了一支运筹帷幄的参谋团队。

当时，能够与赵匡胤抗衡的还有两股势力，一是周太祖郭威的女婿张永德，一是郭威的外甥李重进。李重进是马步军都虞候，而张永德则是赵匡胤的顶头上司。赵匡胤要想高升，首先就要将张永德拉下马。后人推测，周世宗在北伐途中所见的木牌，应该是赵匡胤用来陷害张永德的诡计。

结果，周世宗中计，在病重期间罢免了张永德的殿前都点检之职，派到外地去镇守澶州（今河南濮阳附近），提升赵匡胤为殿前都点检。同时，又把李重进派出京师，率部防守河东。周世宗如此煞费苦心地给儿子铺路，实际上却为赵匡胤夺位称帝扫除了障碍。

显德六年（959），周世宗去世，后周政局随之动荡。

周世宗第四子柴宗训即位，但是主少国疑，人心浮动，赵匡胤及其心腹则加紧活动。经过近半年的部署，殿前司以及侍卫司的高级将领基本上都换成了赵匡胤的亲信。殿前司前四位高级将领分别是都点检赵匡胤、副院长都点检慕容延钊、都指挥使石守信、都虞候王审琦，而侍卫司除了都指挥使李重（不久又移守扬州）、副都指挥使韩通之外，其他的如都虞候韩令坤、马军都指挥使高怀德、步军都指挥使张令铎，都是赵匡胤的结义兄弟或者好友。

显德七年（960）正月初一，从北方边境镇、定二州传来战报，声称契丹与北汉联兵入侵。消息来得突然，辅佐柴宗训的宰相范质、王溥等人惊慌失措，急令殿前都点检赵匡胤率领禁卫军前往迎敌。

正月初二，副都点检慕容延钊率领先头部队离开京师开封，都城里随后便放出传言："将在出征之日，册立点检为天子。"谣言四起之时，后周朝廷却蒙在鼓里，平静如常。

正月初三，赵匡胤率主力军出发。当晚，行军至开封东北40里的陈桥驿[①]（位于今河南封丘东南陈桥镇）时，部队安营驻扎。

当时，有一位号称熟知天文的军官名叫苗训，煞有介事地指着天上说，看到"日下复有一日"的天象，预示了改朝换代的"天命"。这一说法很快在军中传开，将士们聚在一起议论："主上年幼，未能亲政，我们这些人出生入死为朝廷卖力，他知道吗？我们的点检为人仗义，英武盖世，不如先策点检为天子，然后再北征！"

将士们群情激昂，赵匡胤却将军中诸事交给弟弟赵匡义和心腹谋士赵普打理，自己则躲进营帐饮酒，直至醉卧榻上，似乎在等待着什么，也似乎在告诉世人——这期间无论发生什么事情，我全然不知情。

此时，军中都押衙李处耘、殿前都虞候李汉超等将领鼓噪而起，与赵匡义、赵普等人商议，欲拥立赵匡胤为帝。

一切都在赵匡胤蒙头大睡之时热烈地进行着。

---

① 陈桥驿在唐代叫板桥，白居易的《板桥路》、李义山的《板桥晓别》，还有王安石的《陈桥》等不少诗歌都提到过这里。

次日，天刚蒙蒙亮，赵匡胤被呼喊声吵醒，披衣出帐，见众将士列队于庭院之中，个个手执兵器，齐声喊：“诸军无主，愿策点检为天子!”不等赵匡胤开口，便有人把预先备好的黄袍罩在赵匡胤的身上，众人口呼“万岁”，拜跪于地。

见此情景，赵匡胤装出一副无可奈何的样子，对众将说：“你们贪图富贵立我为天子，就必须听我的命令，否则我不能应允!”众将纷纷表示遵从圣命。接着，赵匡胤颁布了入京以后的军纪。

当天下午，赵匡胤率领部队返回开封。一路上军容整齐，秋毫无犯。

初五清晨，大军抵达京都，石守信、王审琦等人早已做好了内应准备，城门已在其控制之下，赵匡胤大军顺利进城。守城的后周兵将不敢轻举妄动，只有侍卫副都指挥使韩通疾驰而出，欲集结军队应变，但是，被殿前司勇将王彦升发现，将其追杀，韩通的家人也无一幸免。

赵匡胤入城后，登上明德门，命令诸将士返回所属军营驻地，自己也回到了原来的官邸。

随后，将领们簇拥着范质、王溥等后周要员来见赵匡胤。赵匡胤一见他们，马上面露为难的模样，说自己完全是被将士们所迫，惭负天地。未等范质等人说话，已有将领声色俱厉地叫道：“我辈无主，今日一定要请点检当天子!”

范质、王溥等人深知大势已去。当日，周恭帝柴宗训也就让出了皇位。

显德七年（960）正月初五，33 岁的赵匡胤如愿以偿地做了皇帝。因为赵匡胤曾在宋州（治所位于今河南商丘南）担任归德军节度使，故改国号为“宋”，定都东京（今河南开封），历史上称为北宋。赵匡胤就是宋太祖。

大宋王朝就此出现在中国历史上，一场无惊无险、兵不血刃的兵变平静地终结了动荡不安的五代时期。

金鱼玉带罗襕扣，

皂盖朱幡列五侯，

山河判断在俺笔尖头。

得意秋，分破帝王忧。

——〔元〕伯颜《喜春来》

杯酒释兵权

在赵匡胤的政变中，后周旧臣除了韩通几乎无人反抗。政权交接之后，赵匡胤保全了柴氏子孙，后周王室成员及后裔均受到优待，后周旧臣也都安然无恙地得到安抚。而那些支持兵变的兄弟、友人则个个加官晋爵。

宋朝在平静中诞生，然而赵匡胤的皇位却并不稳固。

早在周世宗去世之时，怀有帝王梦的军阀们就开始跃跃欲试。如今赵匡胤捷足先登，后周的朝臣们皆识时务、俯首称臣。但是，散布各地的节度使却反应不一，其中有人打消了称王称帝的念头，也有人不肯放弃成就大业的梦想，比如李筠、李重进便誓死叫板。

李筠是后周的昭义节度使（治所在潞州，今山西长治市），盘踞上党地区长达 8 年之久，辖有潞州、泽州（今山西晋城东北）、沁州（今山西沁源县），颇有叫板的实力。

赵匡胤登基之后，曾加封李筠为中书令，以示招抚。但是，在赵匡胤派去的钦差面前，李筠高悬后周太祖郭威的画像，痛哭流涕，表明不忘旧主。不仅如此，他还不听劝阻，决意联合北汉，公开举起反宋大旗。赵匡胤派人传话给李筠：“我未为天子时，任汝自为之；我既为天子，汝独不能小让我耶？”

对此，李筠则以实际行动回应对赵匡胤的不服。建隆元年（960）四月，李筠留下长子李守节据守上党，自率3万兵马南出，誓与赵匡胤争锋。赵匡胤派出石守信、高怀德、慕容延钊和王全斌等将领率军平叛。

李筠相信后周诸将与周世宗柴荣情深义重，只要自己起兵反宋，大家都会临阵倒戈。不料，石守信等将领根本不念旧情。两军交锋，李筠大败，损兵3000，锐气大伤。随后，虽然北汉的数千援军赶到泽州，但是同样不敌宋军，李筠在连遭败绩之后，退入泽州城。就在李筠兵马尚未得以喘息之时，赵匡胤已经御驾亲征，亲自指挥攻城，宋军士气倍增，一鼓作气攻陷泽州。李筠走投无路，投火自焚。李守节得知父亲败亡后，主动向宋投降，献出潞州，赵匡胤赦免其罪，李筠之乱就此平定。

接下来，赵匡胤集中优势兵力打击李重进。

大宋建立之后，赵匡胤解除了李重进的马步军都指挥使之职。李重进明白，赵匡胤是要削夺自己的权势，于是要求进京朝见、寻求转机，但是遭到拒绝，李重进便决意反抗。

李筠举兵的消息传来之后，李重进立即派出亲信翟守珣星夜前往联络，企图与之联手，南北夹攻。孰料，时局动荡，人心复杂，这翟守珣见风使舵，直奔开封，将李重进的计划密报给了赵匡胤。

赵匡胤正集中兵力平叛李筠，不希望节外生枝，便极力笼络翟守珣，让他先稳住李重进，不让其采取任何行动。翟守珣返回扬州后，劝说李重进“养威持重，未可轻发”。志大才疏的李重进果然中计，采纳了翟守珣的建议，没有及时起兵，错失战机。

李筠之乱平定之后，赵匡胤下诏调任李重进为平卢节度使，移守青州。李重进拒不从命，于九月在扬州起兵，同时派人入南唐求援。南唐王李璟只想自保，不愿惹火上身，拒绝出兵相助，这令李重进陷入“内乏资储，外无救援”的困境。然而，开弓没有回头箭，李重进只能硬着头皮挑战大宋。

宋朝派出石守信、王审琦等率军南下平叛。十月，赵匡胤再度领兵亲征。十一月，攻陷扬州，李重进举家自焚而亡，党羽多被处死。

平息了二李叛乱，中原局势得以安定。但是，赵匡胤心里仍不踏实。从儿时起至建立宋朝，赵匡胤亲历了五代的更迭，骄兵悍将们弑主篡位已如家常便饭，就连赵匡胤自己也是依靠兵权夺取后周政权的。当身份、角色转变之后，赵匡胤陷入“人君御臣，相易而将难”的局面。对于赵匡胤来说，驾驭赵普这样的相臣他没有压力，但是如何对待军事将领，能否控制住禁军的兵权，直接影响着皇位的稳定。该如何处理这些事情，赵匡胤百思不得其解。

一日，他找来心腹赵普，问道："自唐末以来，数十年间，帝王换了八家，战斗不息，苍生涂地，这是为何？我欲息天下之兵，为国家建长久之计，有何方法？"

赵普说："陛下能考虑到这些，是天地神人的福气。世道纷乱，国家不安，皆因方镇太重，君弱臣强。今别无他法，只有削夺其权，制其钱谷，收其兵，如此一来，天下自安矣。"

没等赵普继续说下去，赵匡胤便打断了他的话，表示已明白他的意思。正如赵普所说，针对当时的状况，要想天下大治，最要紧的就是限制、削弱军阀的权力，加强中央集权，巩固皇权。

这时，宋朝已经建立一年，参与陈桥兵变的禁军将领们都已经加官晋级。其中，慕容延钊担任殿前都点检，韩令坤任侍卫马步军都指挥使，石守信为归德军节度使、殿前都指挥使，高怀德为殿前副都点检，张令铎为马步军都虞候，王审琦为殿前都指挥使，张光翰为马军都指挥使，赵彦徽为步军都指挥使，赵匡义为殿前都虞候，赵普为枢密直学士。

赵匡胤也清楚，没有功臣们的支持，就没有自己的皇位。不过，如若任由功臣们继续掌握兵权，有一天陈桥兵变的闹剧就有可能再度上演。如何解除诸将的兵权，赵匡胤着实费了一番心思。

建隆二年（961）闰三月，趁在外巡边的慕容延钊和韩令坤回京朝见之时，宋太祖赵匡胤解除了他们的禁军主帅职务，只保留其地方节度使职务。由于赵匡胤曾做过殿前都点检，因此，解除慕容延钊的职位之后，该职便不再设置，韩令坤的侍卫马步军都指挥使先由石守信接替。

解除慕容延钊、韩令坤的禁军主帅职务只是小小的序曲，一场杯酒释兵权的宴席随后摆开。

七月初九，宋太祖赵匡胤设酒宴招待石守信、王审琦等高级将领。酒过三巡，赵匡胤屏退左右，对禁军将帅们说："若非你们出力相助，我就不会有今日，你们的功德，我铭记于心。但是，做天子也太难了，还不如做个节度使快乐！"

石守信等人不明其意，忙问为何？

宋太祖回说："原因很简单，谁不想做天子？"

石守信等人听出话中有话，顿时惊恐万状，均表示如今天命有归，无人敢怀有异心。

宋太祖继续说："纵使诸位无异心，但是，如果你们的部下贪图富贵，将黄袍披在你们身上，即使你不想当皇帝，到时还能由得了你吗？"

此言一出，在场的人都惊出一身冷汗。

众将明白，皇帝的这番话分明是怀疑他们有夺位之心，既然被怀疑了，那么，就有可能招来杀身之祸。诚惶诚恐的石守信等人涕泪交流，一齐叩头，请求赵匡胤指明一条"可生之途"。

宋太祖见时机成熟，就一面宽慰众人，一面开导他们说："人生如白驹之过隙。你们何不释去兵权，到地方去，多多购买良田，为子孙立永久之业，同时多置些歌儿舞女，饮酒相欢，颐养天年。

我与你们联姻，君臣之间两无猜疑，上下相安，岂不为好？”

石守信等人清楚，眼前的赵匡胤已经不再是最初那个共同出生入死的把兄弟，身份地位的变化，让他们明白君臣之间这番对话的分量，深知已经没有回旋余地，于是一齐叩头谢恩。

第二天，石守信、高怀德、王审琦、张令铎、赵彦徽等禁军将领纷纷上书，称自己有病在身，要求解除兵权。宋太祖欣然同意，赐予每人大量的金银财宝，并任命他们为各地的节度使。虽然天平节度使石守信仍保留侍卫亲军马步军都指挥使一职，但也只是个虚名而已。转年间，也就是建隆三年（962），石守信的这一虚名也被解除，侍卫亲军马步军都指挥使之职就此废除。

不久，宋太祖果真与这些将军们结为儿女亲家，将长女昭庆公主下嫁王审琦之子王承衍；次女延庆公主下嫁石守信之子石保吉；守寡的妹妹嫁给了高怀德；皇弟赵匡美（廷美）娶大将张令铎的女儿为夫人。就这样，在谈笑风生中，赵匡胤完成了重大的人事调整。随后，又对禁军进行了改组。

禁军是宋朝的正规军，分为殿前司、侍卫司。其中，侍卫司又下设侍卫马军司和侍卫步军司。殿前司的将帅排列次序是：殿前都点检、副都点检、都指挥使、副都指挥使、都虞候；侍卫司的排列次序是：马步军都指挥使、副都指挥使、都虞候、马军（步军）指挥使。

杯酒释兵权之后，禁军将领的九个职位只剩下四个。废除了殿前司正副都点检和侍卫司的正副都指挥使，不再设置，再加上侍卫马步军都虞候长期空缺，因此，禁军将领的九个职位就剩下殿前都指挥使（正副）、殿前都虞候、侍卫马军（步军）都指挥使四个较低的职位。这些职位也只是任命一些资历浅、能力平庸、较易驾驭的将领担任，如韩重赟、刘廷让、崔彦进等人。

由于侍卫司不设正副指挥使，其下属的两个司即侍卫马军司和侍卫步军司也就各自独立，与殿前司合称“三司”，也称“三衙”。这样就形成了都指挥使、侍卫马军都指挥使、侍卫步军都指挥使分别统领的“三衙”制度。三衙对禁军的指挥权是有限的，只有皇帝才是禁军的最高统帅，由此改变了过去一位将领统管三军，威胁皇位的局面。

三衙将领只有带兵权，而没有调兵权，调兵大权归枢密院，而且互相牵制。枢密院虽可以调兵，但是没有带兵权，如果没有皇帝的命令，枢密院也不能调遣军队。只有皇帝才可命令两院，执掌全部兵权。如遇有战事，皇帝临时命将，战事结束，兵归宿卫，将还本职。如此这般，皇帝直接掌管禁军，而且两院又互相牵制，因此，从制度上防止了五代以来禁军驾驭皇帝的现象，杜绝了军事实力派的产生。这种三衙体制的形成，也成为宋朝的一项基本军事制度。

经过这一番阴柔改制，彻底解除了禁军对皇位的威胁。而后，宋太祖又推出一系列变革政策，加强了对群臣百官的驾驭。

高亭群峰首，四面府晴川。

每见晨光晓，阶前万井烟。

——〔唐〕朱景玄《四望亭》

革新制度

宋朝建立初期，为了安抚人心，赵匡胤采取了笼络后周旧臣的方针，对后周旧臣实行了全部录用、官位依旧的政策。

为了稳定后周旧臣的情绪，缓解他们对新王朝的逆反心理，赵匡胤毫不留情地严加处罚那些仗势欺凌旧臣的新贵们。京城巡检官王彦升自恃追杀韩通，拥立有功，横行不法。一天夜里，王彦升率兵卒巡检，途经宰相王溥门前时，上前叩门，要宰相接风慰劳，吓得王溥“惊悸而出”。宋太祖知道后，将王彦升贬为唐州刺史。后周旧臣们认为宋太祖英明公正，口服心服，安心为新政权工作，中央政权在一定程度上得到了稳固。

在对待后周旧臣方面，值得一提的是赵匡胤与张永德之间的关系。宋太祖即位后，立即任命这位老上司为侍中，随后改授武胜军节度使。当年，太祖在张永德手下任将领时，张永德对他一直不错。对于“点检作天子”木牌事件，张永德一直认为是李重进所为，对赵匡胤并无怨恨。赵匡胤即位后，两人仍然保持友好的关系，君臣二人还常常欢饮一番。

当时，后周的宰相范质、王溥和魏仁浦在宋朝初期仍然居相位。但是，留用他们并非因为他们的才干，只是为了稳定政局，确保新政权平稳过渡。依据旧制，宰相统辖军、政、财权，所谓“一人之下，万人之上”。但是相权过重，皇权又容易被架空。因此，历代帝王总是想尽办法削弱宰相的权力。宋朝也不例外，赵匡胤一有机会就设法降低宰相的待遇。宋朝之前，宰相上殿与天子议事时，皇帝都会赐茶赐座。有一次，宰相范质上殿奏事，宋太祖照例赐座，可开始奏事时，太祖说自己最近眼睛昏花，让范质把奏章拿近些看。待范质离开座位，走近太祖时，宰相的座椅即刻被人撤去。此后，宰相见皇帝只能站着说话，这也成为相权下降的标志。

同时，在政治体制方面，宋太祖也采取了削弱相权的改革。

宋朝初期，在形式上沿袭了唐朝的政治体制。唐朝中央机构以三省六部为主，即尚书省、中书省和门下省，下设吏、户、礼、兵、刑、工六部。宋朝虽然也设三省六部，但却如一堆空壳。因为三省长官“中书令、侍中令、尚书令，不与朝政”，也无实权。三省之外另置中书门下作为宰相议事的机构，宰相议事的地方称政事堂，宰相又称“同中书门下平章事”。

为了剥夺宰相的军权，宋太祖又在“中书门下”之外另设一个枢密院。枢密院原是唐朝后期国家机构之外的多余机构，是宦官擅权的产物。朱温夺取政权建立后梁之后，改用文官为枢密使，专管军事。宋太祖沿用了这一制度，并且提升了枢密院的地位，用以分散相权。中书门下又称政府、东府；枢密院又称枢府、西府。

中书门下是最高行政机构，枢密院是最高军事机构。两府级别相当，每逢入朝奏事时，两府错开，互不相见。这样有利于皇帝在双方的奏报中对比分析掌握实情，又使两府相互牵制。

枢密院的最高长官为枢密使或知枢密院事，由赵普担任。另外，又下设枢密副使或同知枢密院事为副长官，以防枢密使一手遮天。枢密院虽然是朝中最高军事机构，但是正副长官都由文臣担任。即使"杯酒释兵权"之后，宋太祖依然对武将心有忌惮。相对武臣的不可控性，手无寸铁的文官却让他控驭起来更自信。因此，宋太祖全面重用文臣，把"事业付之书生"。

为了收缴地方财权、加强中央财权，并分割宰相的财权，宋朝再度设置负责盐铁、度支、户部的三司，地位在中书省之下，其最高长官是三司使，号称"计相"。

以上三处中央机构，合称"中枢三机构"。

乾德二年（964）正月，赵匡胤觉得政局已经稳定，时机已经成熟，加之范质等三人也常常对各自继续担任新朝宰相心有不安，一再上表请辞，赵匡胤也就顺势批准了辞呈，命枢密使赵普取代范质等三人独自为相。

四月，赵匡胤又在宰相之外设置了副相之职，即参知政事。薛居正和吕余庆为首任参政，协助赵普处理政务。此时的副相没有实权，只是一个陪衬，既不掌管中书门下印，也不与宰相一起奏事。几年之后，这个副相职务才渐渐派上了用场。

在巩固皇权的同时，新政权更重视与社会经济发展、民生问题息息相关的事务。为此，赵匡胤大力实施惠民政策巩固政权。

由于五代时期连年战乱，农业经济遭到严重破坏，田地荒芜严重。为了尽快恢复农业生产，垦荒种植，宋太祖下令，新垦土地一律不征税，并奖励垦荒成绩突出的州县官吏，处罚辖区内田畴荒芜严重的官员。

同时，宋朝继续沿用唐朝后期实行的两税制，夏季多征收现钱，秋季多征收谷物，习称“夏税秋苗”。建隆元年（960），朝廷下令各州县重新编造“版籍”，把各县的户口、土地情况登记在册。同时派人到各地调查人口土地情况，以便按地征税，按户征徭役。

为了鼓励农民生产，宋太祖下令减轻农民的徭役负担。建隆二年（961），要求各地免除征用平民充当急递夫的劳役，改由现役军卒担任。第二年，宋太祖再下令免除征民搬运戍军衣物的劳役。并且强调，地方州县如有人违反朝廷命令，百姓可以检举。

在农田基本建设方面，宋朝初期也做了大量的工作。五代时期，黄河屡屡决堤、改道，淹没村庄农田。宋初也不断面临水灾的威胁。对此，宋太祖非常重视水利建设，特别是黄河的治理，这对防止洪灾、稳定社会具有重大意义。

建隆三年（962）九月二十一日，宋太祖下令，禁止百姓砍伐桑树和枣树为木柴。下令在黄河、汴河两岸修堤筑坝，并大量植树，作为防护措施，防止河水决口。乾德三年（965），朝廷再下令，将每年的正月、二月、三月定为黄河堤坝例修期，要求地方官员严格巡察，防患于未然。

在赵匡胤的严格要求下，宋初对黄河的治理渐显成效。宋太祖在位的17年间，黄河溃决的记载有十几次，都没出现严重的灾害。此外，太祖时期对运河、蔡河等主要水道也进行了治理，对农业经济的稳定、商业的繁荣发挥了重要的作用。

建隆三年（962），淮南饥馑，扬、泗诸州发生饿殍现象。宋太祖接受户部郎中沈义伦的建议，诏淮南道官吏开仓赈饥民，帮助当地百姓渡过了难关。为了防患于未然，乾德元年（963），朝廷令州县置义仓，在两税之外，每石另输一斗贮藏，以备荒年。同时，宋太祖还进行了法制改革和建设。乾德元年（963）二月，赵匡胤命窦仪、苏晓、张希护、奚屿等参照唐律，对《大周刑统》的“科条繁浩、不便执行”等弊端重新进行详定。七月，宋朝第一部法典成书，赵匡胤诏刻版摹印，颁行全国。该法典共三十卷，是我国历史上第一部印行的封建法典。不久，赵匡胤又下令，各州的死刑案件一律需要上报朝廷，借此削弱各方镇节度使的司法权。另外，宋太祖登基之后下令禁止符命迷信，反对元象图谶事情。这是自己兵变成功的手段之一，赵匡胤不希望其他野心家再用这招给自己制造麻烦。

就这样，赵匡胤花了三四年时间整顿了内政。随后，将统一全国的计划提到日程上来。

破却千家作一池，
不栽桃李种蔷薇。
蔷薇花落秋风起，
荆棘满庭君始知。

——〔唐〕贾岛《题兴化园亭》

扫平西南

赵匡胤曾经跟随周世宗四处征战，试图消灭周围的割据政权。从那时起，统一全国的宏图已经深入宋太祖心中。因此，政权稳定之后，他决定重整河山、继续统一大业。

宋王朝建立之初，周边割据政权和少数民族政权林立。北方有契丹族的辽国，先宋朝立国50多年，控制着燕云十六州；西北有势力强大的党项族；而二者之间是割据山西的北汉。北汉的建立者是后汉高祖的弟弟刘崇，一直在契丹的支持下与后周抗衡，后周易帜为大宋后，北汉继续与之公开敌对。

在南方地区，有南唐、吴越、后蜀、荆南、湖南、南汉、南平、漳泉等八个割据政权。这些地区物产丰富，但疆域狭小，互不联合，多数实力不大。为求自保，这些割据政权既向宋王朝表示臣服或通好，暗中又对宋朝严兵以待。

针对当时的情况，宋太祖有意先出兵剪灭北汉，再收复辽国占领的燕云十六州，之后再举兵南下。然而，这一想法遭到大臣们的反对。因为盘踞山西一隅的北汉虽然是个弹丸小国，但是背后有契丹的支持，而契丹是宋朝最凶悍的敌手。宋朝初建不久，国力尚弱，如果北伐，势必与契丹展开恶战，结果难料。

赵匡胤一时举棋不定。

建隆三年（962）的一个雪夜，赵匡胤微服私访，来到宰相赵普家，君臣彻夜长谈，终于确定了“先南后北”的统一战略。即先彻底征服南方八个割据势力，再回师讨伐北汉，攻取燕云十六州，将契丹赶回长城以北。

就在这一年，即建隆三年（962）九月，割据湖南的武平军节度使周行逢去世，他 11 岁的儿子周保权嗣立，属下衡州（今湖南衡阳）刺史张文表不服，起兵反叛，攻入潭州（今湖南长沙）。周保权一面派兵抵抗，同时遣使向宋朝求援。

对宋太祖来说，这可是天赐良机，当即打着“救援”的旗号，出兵湖南。乾德元年（963）正月，赵匡胤任命山南东道节度使慕容延钊为湖南道行营部都部署，枢密副使李处耕为都监，讨伐叛将张文表。

但是，在宋军通往湖南的道路上还横着荆南，又称南平国（今湖北荆州、公安一带）。这是个夹在宋朝、南唐和后蜀三个大国之间的小国。宋朝一边派使臣入南平，向南平王高继冲提出借道的要求，一边做好一并收复的准备。南平国内部对宋军的借道要求争论不休，高继冲本人也犹豫不决。

二月，宋军聚集襄州（今湖北襄阳）。此时，武平政权已经自行平定了张文表之乱。但是，宋军已经兵临江陵（今属湖北），高继冲只得出城迎接，宋军冲入城中，高继冲眼见大势已去，将属下 3 州 17 县的版籍呈给宋太祖。就这样，宋军兵不血刃拿下荆南，得 143500 户。

三月，宋军继续南下，慕容延钊率大军克潭州，取澧州（今湖南澧县）、岳州（今湖南岳阳），进逼朗州（今湖南常德）。周保权试图拒绝宋军入城，但是，宋军已经势不可挡，直入城中，俘虏了周保权，迅速占领湖南，得 14 州、1 监①、66 县、97388 户。

平定荆南、湖南两地之后，宋朝留任两地的官员，实施了减免租税政策，对罪犯减刑或释放处理，允许士兵解甲归田。

荆南、湖南的平定为统一南方开创了有利局面。初战告捷，鼓舞了宋军的士气，同时也更加坚定了君臣的统一信心。这时，盘踞四川的后蜀直接暴露在宋朝的打击范围之内。

随后，宋朝募集兵丁，造楼船百艘，选拔骁勇之士，组建水军，号“水虎捷”，进行操练，以便水、路并行进攻后蜀。

后蜀皇帝孟昶对宋朝咄咄逼人之势甚感恐慌，立即派赵产韬送密信到北汉，请求发兵渡黄河南下，自己则打算北进潼关，以制造宋朝腹背受敌的阵势。谁知，赵产韬决定叛宋，把密信送到

---

① 宋太祖建国后，将地方上地理形势优越之地改州为府，将要地设军、监，与州同级。

了赵匡胤手中，宋太祖高兴地说："这下可师出有名了！"

乾德二年（964）十一月，赵匡胤以王全斌为西川行营都部署，率兵6万，分两路向后蜀进军。一路由王全斌、崔彦率军出凤州（今陕西凤县东北），沿嘉陵江南下，取道剑门（今四川剑阁北）入蜀；一路由西川行营归州路副都部署刘光义和都监曹彬率军出归州（今湖北秭归），溯长江西进。两路分进合击，直指成都。

后蜀以王昭远为都统，赵崇韬为都监，韩保正为招讨使，出兵迎战。后蜀割据一方50多年，孟昶做了30多年的太平天子，原以为凭借栈道天险，可以抵挡一切外敌，一直忽略军队建设。结果，剑门一战，长年懈怠又毫无战斗力的蜀军，一触即溃，宋军节节取胜。

第二年正月，宋军跨越天险，一路势如破竹，进抵成都。孟昶被迫献城投降，后蜀的45州、158县、534039户尽归宋朝。

然而，宋军进驻四川之后，没有安抚经受战乱之苦的当地百姓，反而大肆抢掠，屠杀后蜀降兵，把繁华的成都搞得一派凄惨。王全斌不但不制止，还带头掳掠钱财，由此激起四川百姓的反抗。此后的三年里，四川先后爆发了数起反宋斗争。宋朝一边派兵镇压，一边设法安抚四川军民，最终将王全斌等将帅召回京师，降职处罚，四川局势才略见稳定。

征服了荆南、湖南和后蜀，宋朝的实力得以增强。不过，随后几年，赵匡胤并没有一鼓作气、继续统一战争，而是将注意力再次投向维护皇权和国家的长治久安问题上。

此君临此地，

枝低水相近。

碧色绿波中，

日日流不尽。

——〔南朝〕张文姬《池上竹》

强干弱枝稳皇位

统一大业首战告捷，宋太祖没有趁势继续开疆拓土，而是惦念着继续巩固皇位，维护赵氏政权的统治。为了加强皇权，宋太祖赵匡胤坚持落实着赵普针对强藩提出的政策——削夺其权，制其钱谷，收其精兵。

中唐以来，藩镇节度使集军、政、财权于一身，一般都统辖多个州郡，其驻地之外的州郡称为“支郡”。宋太祖平定荆南、湖南之后，下令藩镇节度使不再统辖多个州郡，驻地以外的州、县划归中央直接管理。朝廷选派文官担任州、县的长官，称为知州、知县，三年为一任期。

乾德二年（964）七月，宋太祖又在知州之外另设“通判”一职，仍由朝廷派遣的文臣担任，实际上是朝廷派到地方的监察官，监督知州的工作。通判不归州府管理，知州在签署文书时，需与通判共同签署才有效，二者相互牵制。关于通判，大文豪欧阳修在《归田录》卷二中有一段有趣的记述："国朝自下湖南，始置诸州通判。……尝与知州争权。……然至今州郡往往与通判不和。往时有钱昆少卿者，家世余杭人也。杭人嗜蟹，昆尝求补外郡，人问其所欲何州。昆曰：'但得有螃蟹无通判处，则可矣。'"

此外，宋太祖利用各地节度使死亡、迁徙、退休等机会，委派文官取代原来由武将担任的节度使职责，称为"知州事"，将节度使架空为虚衔。

接下来，在"收其钱谷"方面，宋太祖亦有自己的方法。长期以来，藩镇的财政都由节度使掌控，虽然也向朝廷上缴奉贡，但不过是收入的一小部分，绝大部分的收入都被截留自用。乾德二年（964），宋太祖下令，各州财税收入可少许应付日常经费，如官吏俸禄、军队给养，其余的钱、布帛物资不得占留，皆需送往京师，由中央统一管理。第二年，为了加强中央对地方财政的控制，朝廷开始在淮南设置转运使，类似于就近监管地方财政的国税局。此后，全国各地陆续设置转运使，朝廷全面控制了藩镇的财权。

同时，朝廷还在淮南、东南、四川等地设立了管理茶场的机构。唐中期以来，茶税一直是历朝政府的重要财源之一。乾德二年（964），宋朝开始推广榷茶[①]制度，先后在蕲（今湖北蕲春南）、黄（今湖北黄冈）、舒（今安徽安庆）、庐（今安徽合肥）、寿（今

① 即茶叶专卖制度，这是一项政府对茶叶买卖的专控制度。

安徽寿县)、光（今河南潢川）六州相继设立13处买卖茶场，并在茶场设官置吏，掌管全国茶叶专卖和茶税征收。经过严格控制和管理，茶税的收入大幅增长，对保证朝廷财政开支、军需供应发挥了重要作用。

随着农业、手工业的逐步发展，此时宋朝的农产品、手工业产品也随之增多并日益商品化，都市商业和农村集市贸易的发展也日趋繁盛。针对这种现状，宋太祖赵匡胤以开放的姿态，于乾德三年（965）下诏："令京城夜市至三鼓以来不得禁止。"夜市的开放，使得商业交易在时间限制上得以突破，商业活动也随之活跃起来。

接着，宋太祖又通过各种方式对藩镇"收其精兵"。

乾德三年（965）八月，宋太祖下令，各地选送骁勇精兵送到京师，加强禁军力量，削弱藩镇军力。为了防止地方以次充好，宋太祖挑选出一些"样兵"分送各州，要求各地按"样兵"的标准向中央选送。后来又改用"木梃"，也就是木棒代替，以身高来区分等次。各地的强兵锐卒集中于京师之后，宋太祖亲自检阅军队，并严禁士兵在军营中喝酒吃肉、穿绢纱服饰，使之养成节俭的习惯。与增强禁军相反，地方只剩下老弱的"剩员"。这些老弱病残被编成厢军[①]，负责

---

① 宋代军队分禁军、厢兵、乡兵和蕃兵四种。禁军是中央军兼正规军，是主力作战部队；厢兵由各藩镇兵剩下的老弱病残留充，维持地方安全，并从事各种劳役，既称地方军，又是杂役军；乡兵是保卫乡土的非正规地方军，通常按户籍抽调壮丁组成或招募而成；蕃兵是过境少数民族组成的非正规边防军。

看仓、守护、清洁等杂役，守卫边境及军事重镇的任务则由禁军担任。

禁军除守卫京师外，每隔两三年甚至半年还要轮流外出戍边，即所谓“更戍法”。在轮换的过程中，将领却不随兵同行，形成了“兵不知将、将不知兵”，“兵无常帅，帅无常师”的局面。既避免了禁兵日久骄惰，又提高了对南北各地的气候、水土的适应能力。另外，对于在一个城中驻扎的部队，太祖也以各种方式“习其筋骨”，加强训练。比如，驻扎在城东的部队，需要到城西仓库去取军粮；驻扎在城西的部队，则要到城东仓库去领取军粮，城南城北亦如此。兵士们挑负着军粮，往返奔走几十里的路程，如同进行了日常的体能训练。

宋太祖虽然采取抑武重文的国策，但是，宋初国防线残破，又面临着严重的边患问题，所以，兵还是要养。加之，统一全国的大业始终未能实现，朝廷也就没有制定裁军和复员计划，因此，兵越养越多。

宋太祖时期，禁军的总数约 22 万人，其中 10 万人警卫京师，10 万人布防到各道。当时，宋朝承袭唐制，全国分 13 道。京师的兵力足以控制各道，防止外道发生兵变；而各道的兵力总和又同京师相等，这样就防止了京师驻军的骚乱。这种内外相制、互相牵制的兵力部署原则，有力地防止了军事将领祸乱中央的现象，保证了宋朝军队的长期稳定。

经过一番梳理，藩镇的势力渐被普遍弱化。但是，仍有个别的节度使势力强大。对此，宋太祖酝酿着再次上演“杯酒释兵权”的拿手好戏。只是，时机一直未到。

总体来说，在赵普的协助下，宋太祖全面处理了唐末五代的遗留问题，抑制了藩镇势力，达到了中央集权的目的。这些政策措施即所谓的“强干弱枝之策”，成为宋代历任皇帝遵循的基本国策。

四十年来家国，三千里地山河。凤阁龙楼连霄汉，玉树琼枝作烟萝。几曾识干戈！

一旦归为臣虏，沈腰潘鬓消磨。最是仓皇辞庙日，教坊犹奏别离歌，垂泪对宫娥。

——〔五代〕李煜《破阵子》

北征受阻讨南唐

世界上没有常胜将军，宋太祖赵匡胤也不例外，令他走麦城的是亲征北汉的战役。

北汉自建立以来，一直处于“土瘠民贫，内供军国，外奉契丹，赋繁役重，民不聊生”的局面，政权内部也极不稳定。开宝元年（968）七月，北汉君主刘钧去世，养子刘继恩即位，内部的权力之争随即激化。

这时，宋朝南征初战告捷，中央集权高度集中，宋太祖的自我感觉正在极度膨胀，认为消灭北汉的时机到了，却忽视了北汉背后还有辽国的支持。

开宝元年（968）八月，宋太祖令昭义节度使李继勋率兵北上。九月，宋军一路征战，突破北汉层层抵挡，直逼太原城下。大敌当前，北汉政权内斗却愈演愈烈，供奉官侯霸荣杀了国君刘继恩，权相郭无为另立刘继元为帝。

刘继元即位之后，火速向辽国求援。北汉与辽国是臣属关系，辽国当即出兵相救。辽军一到，宋军立即受阻，最终无功而返。但是，赵匡胤不肯罢休，经过一番调整和周密部署，宋太祖决定亲征北汉。

开宝二年（969）二月，宋太祖先命宣徽南院使曹彬、侍卫步军指挥使党进领兵先赴太原。接着，以昭义节度使李继勋为河东行营前军都部署，建雄节度使赵赞为马步军都虞候，率军跟进。随后，任命皇弟开封尹赵光义为东京留守，枢密副使沈义伦为大内部署，自率大军出发。

三月，战争打响，宋军的进攻相当顺利。五月，宋军再度攻到北汉首都太原城下，随即在太原城四周构筑营寨，形成包围之势。但是，围攻数十日却始终未能攻下。闰五月，宋太祖下令，北引汾河水灌城，这时，北汉宰相郭无为主张投降宋朝，被刘继元处死。随后，援助北汉的辽军加强了对宋军的攻势。时值连雨暑天，宋军驻扎在草地中，军士多病，太原城久攻不下，军队疲惫不堪，锐气大消。为了防止长期在外作战，后方发生不测，宋太祖接受赵普等人的劝谏，下令撤军。北征失败，证明宋朝尚不具备消灭北汉的实力。这也是宋太祖唯一一次失败的亲征战役。

撤离时，宋朝将收复的北汉境内数万百姓迁往山东，以此削减北汉的兵源。

随后，宋太祖按既定的“先南后北”“先易后难”的统一战略，将目光投向南方。

在对南方开战之前，宋太祖再次收军权，以树立皇威。

开宝二年（969）十月，宋太祖在皇宫后苑设宴，召凤翔节度使王彦超、安远节度使武行德、护国节度使郭从义、定国节度使白重赞、保大节度使杨廷璋等同时入朝，再次上演了“杯酒释兵权”的好戏。

席间，宋太祖祝酒说：“卿等是国家元勋，长期坐临重镇，日理万机，非朕优贤尔等之意。”王彦超听懂了宋太祖的意思，上奏说：“臣本无功劳，久享殊荣，今已衰朽，愿解职归丘园。”

但是，武行德、郭从义、白重赞、杨廷璋等人却大谈自己过往的战功和艰苦履历。宋太祖很不满意地说：“那些是前代故事，现在还谈论它有什么意义！”

第二天，宋太祖撤免了参加宴会的节度使官职，但是给了他们一些荣誉性的虚衔。加封武行德为太子太傅，郭从义为左金吾卫上将军，王彦超为右金吾卫上将军，白重赞为左千牛卫上将军，杨廷璋为右千牛卫上将军。

经过第二次“杯酒释兵权”，藩镇对中央的威胁彻底解除。没有了后顾之忧，宋太祖决心全力以赴进行统一战争，矛头首先指向远在岭南的南汉。南汉以广州为中心，割据岭南两广地区达60年之久。

开宝三年（970）九月，宋太祖以潘美为贺州道行营都部署，尹崇珂为副都部署，统率大军讨伐南汉。潘美率军从潭州（今长沙）出发进攻南汉，很快攻陷了贺州（今广西贺州）。南汉国在毫无防备的情况下匆忙应战，国主刘鋹突闻贺州被围，忙派部将伍彦柔率兵万人沿临贺水（今贺江）乘船北上救援。宋军做了伏击准备，南汉军在南乡（今贺州南）登岸时，遭到突然袭击，死亡过半，伍彦柔被杀。

而后，宋军连克昭（今广西平乐）、桂（今广西桂林）、连（今广东连州）、韶（今广东韶关）四州，大败南汉军10余万于莲花峰（今韶关东南）下。至次年正月，宋军连克雄州（今广东南雄）、英州（今广东英德）。二月，宋军兵临广州城下。南汉主刘鋹无奈出降，宋得60州、240县。

南汉灭亡，南方割据政权就只剩下了南唐。此前，另外两个割据政权吴越和漳泉已上表称臣，接受宋朝的官职。为了自保，开宝四年（971），南唐皇帝李煜在南汉灭亡之际主动取消国号、放弃皇帝的称号。李煜还派遣弟弟郑王李从善上表宋廷，表示愿去国号，改印文为“江南国主”，表示不再做皇帝，并请宋太祖赐诏称名。赵匡胤准奏，令李煜松了口气。

开宝五年（972）二月，李从善再赴汴京朝贡。这次，宋太祖以赐官为名，留住李从善，授泰宁军节度使。李煜请求宋太祖遣返弟弟，却被婉言拒绝。显然，宋太祖并没有放弃统一的梦想，攻打南唐只是迟早的事。

宋太祖也清楚，南唐并非轻而易举就可攻取。南汉灭亡后，宋军进入休整期，并没有急于征讨南唐。赵匡胤一方面积极安抚吴越政权与其结成军事同盟，对南唐形成夹击之势；同时派翰林学士卢多逊出使南唐，探查南唐虚实。

开宝六年（973）四月，卢多逊出使江南，受到李煜的盛情款待。准备回朝时，遣人告诉李煜："朝廷重修天下图经，史馆独缺江东部分，希望能得一副本带回朝廷。"李煜自以为已经与宋朝结好，未加多想，立即令人缮写一份详细的江南州、县山川形势图交给卢多逊。就这样，赵匡胤轻易地掌握了江南情况。

这时，南唐人樊若水投奔宋朝。此人因在南唐科举不第而心生叛意。樊若水懂些兵法，也读过不少地理典籍，深知宋军迟迟不对南唐发兵是苦于长江天堑的阻隔。樊若水长期生活在长江边上，对长江渡口、圩堰、关卡、要塞了如指掌。为了立功求官，樊若水决定送赵匡胤一份礼物。经数月研究，樊若水详细地测试并记录下江面的宽狭和江水的深浅。开宝三年（970），樊若水向宋太祖献上他亲手绘制的《横江图说》，并提出平南之策——架浮桥渡江灭南唐。

宋太祖如获珍宝，经过研究，决定采纳樊若水的计策。樊若水因此备受器重，不仅通过了宋朝的进士考试，还被授予官职。根据樊若水的计策，宋朝在长江荆湖一带（西起江陵，东抵黄冈，南至岳阳）水域建造了数千艘龙船，以备搭建浮桥桥墩之用；并制作大竹筏，预备做浮桥面。一切准备就绪，再将这些龙船、竹筏集结于江陵，然后顺流东下，做好了军队渡江的准备。

就在这时，也即开宝六年（973），翰林学士卢多逊因与赵普不和，揭发赵普受贿，经营邸店谋利，排挤大臣，为政专断。

宋太祖知道此事并非空穴来风。因为有一天宋太祖去赵普家时，看到廊下堆有海货十瓶，打开后发现，全是小颗粒的瓜子黄金。赵普辩白说，是吴越王钱俶送来的。宋太祖口中说受之无妨，内心却大为不满。另外，赵普还违反禁令，私运秦陇大木扩建府第。沈括在《梦溪笔谈》中记述了赵普修建宅第的奢华："赵韩王（赵普）治第，麻捣钱一千二百余贯，其他可知。盖屋皆以板为笪，上以方砖甃之，然后布瓦，至今完壮。"随后又发现，赵普之子承宗竟然违反宰辅大臣间不得通婚的禁令，娶枢密使李崇矩之女为妻。赵普这些公忠其表、谋私其内的问题，令赵匡胤感到皇权有被架空的危险。

同年六月，宋太祖连下数诏，提升参知政事的权力和地位，与宰相共同议政、轮流执政。八月，为相 10 年的赵普被罢相出朝，外放河阳节度使。随后，提拔薛居正、沈义伦为相，以卢多逊为参知政事。一个新的宰辅班子正式得以确立。

这次高层人员变动并没有影响到宋太祖征讨南唐的计划。开宝七年（974）九月，宋太祖以李煜拒绝来京师朝见为由，向南唐发起了进攻。仍命曹彬为西南路行营部署，潘美为都监，曹翰为先锋都指挥使，率 10 万水陆军，由江陵沿江向东征伐南唐。

同时，宋太祖吸取了王全斌等人在平蜀之后大肆屠杀带来后患的教训，告诫诸将勿乱杀无辜，并把自己的一把佩剑授予曹彬，嘱咐："副将以下，不听命者斩之！"潘美等人听了相顾失色。

十月，曹彬率军从江陵乘战舰顺江而下，屯兵 10 万于湖口。南唐军以为是宋军例行巡江，故未加阻截，宋军顺利占据峡口寨（今安徽贵池西南）以东的长江南岸各要点；同时，在樊若水的引导之下，宋军三天之内就在采石矶（今安徽马鞍山）江面上搭起了一座浮桥，潘美率步骑兵顺利渡江，与曹彬会合，以便东下直攻金陵；而地处浙江的吴越国主钱俶统率吴越军五万，由宋朝将领丁德裕担任监军，从常州出发占领江南的润州（今江苏镇江），从东面进攻苏州（今江苏苏州），兵锋直指金陵；王明率西路军向武昌进击，牵制屯驻在江西的南唐军队，使其无法回援金陵。

宋军已向南唐发起进攻，南唐王李煜却还被蒙在鼓里。李煜学问广博，擅长诗词，精通书画，喜好音乐，是一位风流君主，也是一位痴迷佛教的信徒，唯独不是一位励精图治的统治者。

开宝七年（974）闰十月二十三日，宋军搭建浮桥陆续过江南下，李煜得到军报后却不做应战准备，整日与僧人诵经说法，不恤政事。因为在他看来，长江下游江宽水急，难以造桥，宋军此举不过是儿戏罢了。殊不知宋军有备而来，已经顺利过江，并且分兵进攻溧水（今属江苏）、宣州（今安徽宣城）。次年二月，宋军击溃南唐军队的阻击，强渡秦淮河。三月，吴越军也攻破常州，于润州与宋军会师，联合围攻金陵。

这时，李煜虽知宋军已经袭入江南，却仍不以战事为虑，自恃地势险要，认为只要坚守壁垒，敌疲自退，将兵权交给了负责守卫都城的皇甫继勋，自己则在后苑与僧道诵经说《易》。直到五月的一天，李煜登城巡视，得知宋军已兵临城下时，才大惊失色，怒杀皇甫继勋，急调湖口神卫军都虞候朱令赟率军入援。然而，朱令赟受王明军牵制，不敢昂然挺进。情急之下，李煜派大臣徐铉出使宋朝请求退兵；并严令朱令赟火速来援。

十月，徐铉见到宋太祖，要求退兵，以保全一邦之命。徐铉能言善辩，据理力争，一再强调宋朝对南唐用兵“师出无名”。赵匡胤非常恼火，按剑厉声呵斥道：“不须多言，江南亦有何罪，但天下一家，卧榻之侧，岂容他人鼾睡乎！”

就在徐铉绞尽脑汁企图说服宋太祖之时，朱令赟率军15万顺江东下，直扑采石矶，欲解金陵之围。

赵匡胤遣人令王明在浮桥附近的洲浦间竖起长木，制造帆樯假象。朱令赟见状，疑有伏兵，率军转入皖口（今安庆西南），结果遭到宋军伏击，朱令赟被俘，余部退回湖口，被王明军歼灭，金陵遂成孤城。

开宝八年（975）十一月，李煜再次派遣徐铉入宋，恳请退兵，再次遭到断然拒绝。此时的金陵城已经被围困近一年，对外运输道路已被堵绝，军民士气十分低落。曹彬派人劝李煜归降，李煜不肯。随后，曹彬令宋军向金陵发起总攻，十一月二十七日，金陵陷落，曹彬的军队排着整齐的队形进入城中。李煜无计可施，只得投降。随后，南唐各州郡都纷纷归降，只有江州（今江西九江）指挥使胡则率众反抗，拒不从命达四个月之久。最终被宋将曹翰攻破城防，死者数万人。

消灭南唐是宋太祖统一南方的最后一仗，也是当时最大的一次江河作战。战后，南方仅存吴越、漳州两个独立政权。由于一直向宋廷称臣纳贡，宋太祖也就未加征剿，许其保留一席之地。

开宝九年（976）春，宋朝控制的州郡由最初的 118 个增加到 260 个，户数由 967000 多户增加到 2566000 多户。另外，在平息藩镇、统一南方的战争中，宋太祖每攻下一个地方，除收编一部分精兵外，其余军士一律遣散返乡，并发放耕牛、种子、粮食，鼓励劳动力投入生产耕作中，促进了各地农业生产，对于宋初社会稳定、经济恢复起到了推动作用。

林花谢了春红，太匆匆。无奈朝来寒雨晚来风。胭脂泪，留人醉，几时重。自是人生长恨水长东。

——〔五代〕李煜《相见欢》

壮志未酬

开宝九年（976）八月，赵匡胤再度发兵攻打北汉，诏命侍卫马军都指挥使党进为河东道行营马步军都部署，宣徽北院使潘美为都监，虎捷右厢都指挥使杨光美为都虞候，偕同牛思进、米文义率兵北伐。

宋军兵分五路，出击北汉石州（今山西吕梁离石区）、汾州（今山西汾阳）、沁州（今山西沁源）、辽州（今山西左权）、忻（今山西忻州）、代（今山西代县），分进合击，围攻太原。

九月初九，党进依诏前进，连败北汉军，缴获战马千余匹、兵器装备六百余件，兵临太原城下。宋太祖又命忻、代行营都监郭进等率兵分攻忻、代、汾、沁、辽、石等州，宋军所向披靡，大破北汉军。十月，党进乘胜追击，再克北汉军于太原城北。

宋军大军压境，北汉主刘继元自知不是宋军的对手，急忙向辽告急求援。此时的辽朝雄视北方已久，拥有优于宋军的轻骑兵，皆为能征惯战之士。收到急报后，辽景宗耶律贤派遣大将耶律沙、冀王耶律敌烈率军大举南下。

由此一来，宋军不仅要征讨北汉军，还要应对彪悍凶猛的辽军。正值战事关键时刻，宋朝却遭遇重大变故。开宝九年（976）十月十九日夜，年仅50岁的宋太祖赵匡胤忽然驾崩。其弟晋王赵光义即位，是为宋太宗，随即以国丧下令罢兵。十二月，潘美、党进等人奉命率军撤退。至此，宋太祖三次举兵进攻太原，欲灭北汉终未如愿。不过，这三次北征还是大大消耗了北汉的实力，为宋太宗后来攻取北汉打下了基础。

但是，宋太祖赵匡胤的死实为突然，颇为蹊跷离奇。开宝九年（976）十月十九日夜是一个大雪飞扬的夜晚，宋太祖召见其弟、时任开封府尹的晋王赵光义入宫。赵光义入宫后，宋太祖屏退左右，与赵光义酌酒对饮议事。两人具体说什么，无人知晓，室外的宫女和宦官们只能远远望见，在摇曳的烛影中，赵光义时而离席，有所谦让退避的样子。漏鼓三更之时，又见宋太祖赵匡胤手持柱斧[①]戳地，并发出“嚓嚓”之声，同时还听到宋太祖大声喊道：“好做，好做!”随后，赵光义告辞出来，宋太祖则解衣就寝。四更时，年仅50岁的宋太祖赵光胤突然驾崩。这就是至今仍令人难解的“烛影斧声”千古疑案，而宋太祖死讯传出之后发生的一系列的事情更是疑雾重重。

据《续资治通鉴·卷八》记载，当时，宋太祖驾崩的消息一

---

① 一种镇纸文具，玉或水晶制。

出，宋皇后[1]大惊失色，立即命宦官王继恩去召皇四子秦王赵德芳[2]（时任贵州防御使）入宫，可是，宦官王继恩却自认为宋太祖想传位的人是晋王赵光义，没有听从宋皇后的命令去召赵德芳，而是径直去开封府请晋王赵光义。到了赵光义府门口时，却看到了早已在那等候的左押衙程德玄。程德玄是赵光义的心腹，精于医术。程德玄对王继恩解释说，在前夜二鼓时分，有人唤他出来，说是晋王召见，但是他出门一看并无人，如此反复了三次。最后因为担心晋王真的有病，便前来开封府探视。王继恩虽然对程德玄的出现感觉意外，却也没说什么，因为他急于见赵光义报告宋太祖离世的消息。

此时，已是凌晨，而赵光义并没有休息。二人共同进府，见到赵光义，告之宫中大事，赵光义大惊，犹豫不肯前往，声称要与家人商议一下。王继恩则催促说："时间一长，恐怕被别人抢先了。"于是，三人便冒着风雪赶往宫中。到皇宫殿外时，王继恩请赵光义在外稍候，自己去通报，程德玄却说："直接进去，有什么

---

① 宋氏为人"柔顺好礼"，是宋太祖第三任皇后，史称"开宝皇后"，河南洛阳人。宋氏母家自五代十国开始显贵之家，宋氏父亲宋偓是后唐庄宗李存勖的外孙，母亲是后汉永宁公主（后汉高祖刘知远之女）。17 岁时，宋氏正当韶华，风姿绰约，被宋太祖一眼看中，于是立为皇后，太祖离开这一年，宋皇后 25 岁。

② 太祖共有四个儿子，长子德秀和三子德林早逝，留下次子德昭和德芳。德昭当时 26 岁，德芳 18 岁，二人皆非宋皇后之子。

可等的。”便与赵光义直接进入殿内。

宋皇后得知王继恩回来，便问：“德芳来了吗?”王继恩说：“晋王到了。”宋皇后一见来的是赵光义，不禁满脸愕然。但是，她很快反应过来，对赵光义哭道：“我们母子性命都托付于官家[①]了。”赵光义也边流泪边说：“共保富贵，不用担心。”

就这样，十月二十日凌晨，赵匡胤在烛影斧声中匆匆离世。第二天，赵光义则在烛影斧声的余音中宣布即位。

面对突如其来的皇帝更迭，人们既吃惊又心生疑惑。宋太祖的死蹊跷离奇，而且宋朝官方国史和实录中对此事也略而不载。因此，便有了宋太宗毒死宋太祖的传言。内幕究竟如何，已是千古难解之谜。

宋太祖以武将身份夺得天下，独掌天下16年，为后代定下了“重文抑武”的祖宗家法。他深知拥兵自重的武将对中央政权是一大威胁，而文人易于控制，无论其言行如何激烈，都无力撼动政权。用文臣来治理国家，要比武将掌权更加稳妥。所以，宋朝实施“扬文抑武”的政策，实施“文武分途”的用人方略。

刚刚经历了五代武臣跋扈时代，宋初的文官数量有限。于是，在“兴文教、重文治”大政方针下，科举成为选拔文人的重要门

---

① 官家取义于“三皇官天下，五帝家天下”，是五代到宋朝对皇帝的称呼。“三皇”是指伏羲、女娲、炎帝，“五帝”指黄帝、颛顼、帝喾、唐尧、虞舜。

径。开宝八年（975），宋太祖召集省试合格者入宫，亲自对他们进行最终考核，此举被称为殿试。宋太祖希望以此表明对科举制度的重视，同时也防止科举考试中出现舞弊行为及不公正事件。宋太祖还废除“公荐”制，以避免请托现象泛滥。

宋朝重用文臣的治国方略，逐渐改变了五代以来的尚武遗风。士大夫开始热衷入仕做官，文人的社会地位逐渐提高。早在建隆三年（962），宋太祖曾在太庙寝殿的夹室里立一誓碑，提醒自己对文臣要宽容、重视，其中一条就是“不得杀士大夫及上书言事人”。

丹丘雾彩好林峦，尽是天宫不死仙。
常与神人为窟宅，能兴风雨秀山川。
溪头云出摇红叶，谷口村稀伴碧烟。
题品洞门房密秘，隐藏踪迹恐相传。

——〔宋〕赵炅《逍遥咏》

兄终弟及

开宝九年（976）十月二十一日，38 岁的晋王赵光义即位，是为宋太宗。

宋太祖离奇死去之时，皇长子赵德昭已经 26 岁，但是继承皇位的却是皇弟赵光义而非皇子赵德昭，与父子相传的传统完全不符。不过，赵光义能坐上皇位也自有道理。

早在后周世宗时期，赵光义就从军南征，后来又与赵普共同谋划了“陈桥兵变”，拥戴赵匡胤成功登基。建隆元年（960），也即宋朝开国的第一年，赵光义被封为殿前都虞候，次年晋升为首都开封府尹。开宝六年（973），赵光义又被封为晋王，地位在宰相之上，成了天下第二号重要人物。

在担任开封府尹的 16 年间，赵光义培植了大批党羽，仅晋王府的幕僚就有 60 多人。他还有意结交文官武将，如宋太祖的旧部楚昭辅和卢多逊等掌握实权的朝中要员。当时，天下人都知道开封府尹赵光义礼贤下士，善交朋友，府中幕僚如云，人才济济。

赵光义做这些都是为了有朝一日执掌天下。但是，当赵光义一夜之间由晋王摇身变成了皇帝的时候，世人还是不能接受。虽然无人公开指责、怀疑他继承皇位的合法性，不过，猜忌、不满和流言蜚语仍在所难免。

为了巩固帝位，避免社会动荡，赵光义即位后，先是大赦天下，并对几个皇位竞争者进行加封，以示安抚。比如，30 岁的皇弟赵廷美（即赵光美，为避讳改名为廷美）被封为齐王，出任开封府尹兼中书令，以示沿用宋太祖时皇弟尹京的旧制；宋太祖赵匡胤的次子赵德昭封为武功郡王，出任永兴节度使兼侍中；宋太祖的四子赵德芳出任山南西道节度使、同平章事。对宋太祖和赵廷美的子女，均与赵光义的子女并称为皇子皇女。对宋太祖的那些旧部逐一安抚，薛居正、沈伦、卢多逊、曹彬和楚昭辅等前朝旧臣也都加官晋爵。

十月二十二日，也即宋太宗登基的第二天，将年号改为“太平兴国”。希望世人与他一起忘记过去，一切重新开始。按惯例，新皇帝即位后应该在次年使用新年号纪年，可是赵光义已经急不可耐了。

尽管新皇帝希望尽早摆脱宋太祖的阴影，却又不得不继承他的治国理念。赵光义也了解五代武将相伐的历史，自己就是“陈桥兵变”的主谋之一，而赵匡胤的改革措施效果他也看在眼里。

所以，赵光义决定沿用宋太祖“重文抑武”的统治方针，巩固自己的皇权。

宋太祖赵匡胤时期，在削弱各地藩镇权力的同时，又在经济、特权等方面给予武将种种补偿，以示安抚。对驻守在北部、西部边境的将帅也给予优待，“管榷之利，悉以与之，其贸易则免征税。故边臣皆富于财，以养死士，以募谍者，敌人情状，山川道路，罔不睹而周知之。故十余年无西、北之忧也”。这些措施使君臣之间保持了一种较为松散的关系，为彼此合作留下了宽松的空间，也使宋王朝免除后顾之忧，能够集中力量平定南方诸国。

此时南方已经平定，天下形势也已变化。因此，赵光义即位之后，转而加强了对武将的控制。太平兴国二年（977）正月，宋太宗赵光义发布诏令，禁止各地节度使“赍轻货，邀厚利。不得令人于诸处回图，与民争利。有不如诏者，州县长吏以名奏闻”。就此，宋太宗收回了宋太祖给予边境将领的经济特权。

为了进一步加强中央集权，消除潜在的隐患，太平兴国二年（977）五月，宋太宗尽罢节度使张美，将安远节度使向拱、武胜节度使张永德、横海节度使、镇宁节度使刘廷让等人召回朝廷，解除职权。同年闰七月，宋太宗又以疾病为由免去侍中李继勋的官职。至此，宋太祖过去的同僚将领均从一线撤换下来。

八月，宋太宗再下诏制，厉行强干弱枝之术，废藩镇辖支郡的制度。在宋太祖时，藩镇兼领“支郡”的情况已经有所改变，仅在中原和陕西等地仍有残余“支郡”游离于朝廷的直接掌控之外。

到了宋太宗时期，陕西、京西、京东、河北各地 30 多个支郡都收归中央直属，节度使不再统领支郡，“天下节镇无复领支郡者矣”。

节度使管辖的州郡，其“边防、盗贼、刑讼、金谷、按廉之任，皆委于转运使”。节度使的权力逐渐丧失殆尽，转运使成为朝廷府派到各地掌管财赋、监察的最高长官，而转运使的官衙“转运使司”遂成为北宋一代的地方最高行署。

宋太祖时期，随着宋朝领土的扩大，文官的需求量也越来越大。宋太宗即位后，为了满足以文官取代武将出任地方官的需要，于太平兴国二年（977）开始增加科举考试录取名额。进士及第者由宋太祖时的数十人增至 109 人，诸科增至 207 人，还有 184 名连考 15 次不中者，特赐出身，另有 7 人参加诸科中的“九经”不中，宋太宗“怜其老”也特赐出身，以上共计录取 507 人。

宰相薛居正等大臣以“取人太多，用人太骤”为由上书反对，但是，宋太宗不予理会。因为新朝甫立，正在用人之际，增加科举取士的人数，有助于改变宋太祖时期的人事格局。更多新科进士步入仕途，自然以“天子门生”的身份对宋太宗感恩戴德，死心塌地为新皇帝效力，进而稳固宋太宗的皇位。

太平兴国二年（977）三月，宋太宗又命李昉等人编纂《太平御览》《太平广记》，促进图书编纂事业的发展。宋太祖时，以昭文馆、史馆和集贤院为三馆，用来典藏图书。宋初，三馆所藏书大约 12000 余卷，平定南方诸国后，尽取其官藏图书，从后蜀得书 13000 卷，从南唐得书 20000 余卷，以至三馆藏书多达 8 万卷。

宋太宗即位的第二年视察三馆，见三馆面积狭窄，不足以收藏天下图书，便下令在左升龙门东北营建新三馆，宋太宗亲自参与设计。

太平兴国三年（978）初，新三馆建成，栋宇花木，宏伟壮丽。二月，下诏赐名“崇文院”。尔后，又在崇文院里新建立秘阁，收藏三馆的珍本图书和大内的古画墨迹。担任三馆及秘阁的各级官员也都是文士。由于宋太宗对三馆和秘阁的重视，馆阁职员的选任也相当严格，渐渐也成为文士升迁、进入中枢要职的重要途径。

对于中央机构，宋太宗在宋太祖分化事权的基础上又进一步改革。新设磨勘院（后分为审官院和考课院），把原属中书省的考课、任免的权力分割出来，由皇帝及宰相最后审定，进一步削弱了中书（政事堂）、宰相的权力。负责内外奏章收受和颁发的通进、银台二司，原属枢密院，宋太宗时，合并为通进银台司，直接对皇帝负责。管理财政的三司（盐铁、度支、户部），有许多事务也转由宋太宗直接裁处。皇帝独揽大权，群臣只能奉旨行事，参政议政的权力大为削弱。

另外，赵光义做晋王时就独自开展贸易活动，长袖善舞，集聚了大量财货。即位之后，对于朝廷财政收入问题更是丝毫不放松。

宋代是中国封建社会的中期，社会经济仍以自给自足的农业经济为主。在农业经济中，土地是最重要的生产要素，不仅是生产赖以进行的物质基础，也是绝大多数人维持生计的主要物质手段，更是朝廷保证两税收入的重要依靠。

为了促使垦荒、扩大耕种面积，宋太宗下令，对国有的“官田”不再直接经营，而是采用租佃制，招民佃种，征收田租；对无主荒地“许他人承佃为永业”；实行“不抑兼并”的土地政策，使得土地买卖更加活跃，土地私有制得到进一步发展，也即自宋代起，历史上正式有了“田主”之称谓，即今日所谓的“地主”。同时，伴随着生产力水平的提高，“不抑兼并”的土地政策也促生了大量农产品商品化的新经济特征，大量农业人口脱离农业而从事工商业，促进了宋朝的商业繁荣。

太平兴国二年（977）二月，宋太宗采纳转运使樊若水的建议，在升州（今江苏南京）、鄂州（今湖北武汉武昌区）、饶州（今江西鄱阳县）等州铸造铜钱，代替铁钱，将铁钱铸为农器，供给江北流民。此外，宋太宗还下令整顿钱币。宋初有以四十八钱为百者，这一年，宋太宗下诏以七十七为百，每千钱重量须达四斤半以上。同时，下令废除以往铜钱渡江的禁令，促进货币流通，推动地方经济发展。同年三月，宋太宗采纳香药库使张逊的建议，设立榷场局，出售官库所藏的香药、珠宝等外国贡品，每年增加国库收入 30 万贯。

宋太宗即位之初，对内实行的一系列新政策，既是为了促使新政府尽快步入正轨，也是为了证明自己是宋太祖赵匡胤当之无愧的继承者。初见成效之后，为了提高个人威望，也为了转移朝野的视线，宋太宗随即着手完成未尽的统一大业。

葡萄美酒夜光杯，

欲饮琵琶马上催。

醉卧沙场君莫笑，

古来征战几人回。

——〔唐〕王翰《凉州词》

剪灭北汉

宋太祖赵匡胤过世时，正值宋朝讨伐北汉之际，当时南方诸国大多数已被征服，只剩下两个割据政权，即地处浙江的吴越国和远居福建泉州、漳州的军阀陈洪进（914—985）。

太平兴国三年（978）三月，吴越王钱俶入朝，进献府库所藏珍宝，取悦宋太宗赵光义。四月，已经看清形势的陈洪进也主动入朝，手笔更大，直接献上漳、泉二州，从此归顺宋朝。陈洪进的做法令吴越王钱俶深感不安。五月，钱俶无奈上表，献出所辖13州1郡86县。就这样，南方残留的两国土地轻易地归入宋朝的版图，南方十国全部平定，只剩下北方的北汉和被契丹占领的燕云地区。

北汉刘氏政权依附于契丹，长期与中原政权分庭抗礼。虽局促一隅，地势却易守难攻，军队又十分强悍，与契丹成犄角呼应之势。北汉有恃无恐，时常侵犯边境州郡。宋太祖时，曾两次兵临太原城下，由于契丹出兵相助，均无功而返。宋太宗继承皇位后，要想收复北汉就注定要打一场硬仗。

宋太宗十分重视军队建设，退朝后经常检阅军队，并令在城西千秋门外的杨村筑讲武台。太平兴国二年（977）九月，宋太宗率文武大臣登讲武台检阅，阅兵队伍绵延达 20 里，天武左厢都指挥使崔翰挥动五色旗指挥将士，旗进则进，旗退则退，千军万马，步伐如一，英武雄壮，盛况空前。

太平兴国四年（979），宋太宗向太原附近征调大批粮草军械，同时，完成了围攻晋阳城、阻击辽军南下的部署。同年正月，任命潘美为北路都招讨使，分四路攻打太原城；命郭进为石岭关都部署，阻击辽军援兵。

二月，宋太宗亲赴前线督师，所遣兵马在 10 万以上。辽景宗接到北汉主刘继元的救援请求后，命宰相耶律沙为都统，冀王塔尔为监军，率兵赴援。

三月，战争全面展开。

云州观察使郭进领军率先攻克西龙门寨，随后于石岭关（今山西阳曲东北）南截击来援的辽军。当辽军到达白马岭大涧（今日北木河河谷）时，郭进的宋军已经驻扎在对岸。耶律沙认为应等待后军抵达再与宋军决战，但监军塔尔贪功心切、一意孤行，率军渡涧进攻宋军。如果在平原作战，辽军的骑兵犹如猛虎下山、势不可挡，怎奈渡河作战，只能缓行或下马边试水边前行。辽军刚渡河一半之时，郭进率军猛袭，辽军慌忙应战，结果大败。塔尔、华格、令衮图敏、洋衮唐古等阵亡，耶律沙等被包围，辽军死伤惨重。直到耶律斜轸的救兵赶到，才扼住宋军的攻势，得以退兵。

郭进就此控制了太原城北部，吓阻辽军不敢驰援。与此同时，宋左飞龙使史业大败北汉鹰扬军；党项族拓跋部首领、夏州节度使李继筠领军东进，助宋进攻北汉，并分兵阻击辽军。潘美指挥宋朝大军连克盂县、隆州、岚州，太原城被围得水泄不通，诸军轮番上阵，昼夜进攻。

四月二十二日，宋太宗亲临太原城下，命宋军发机石攻城，太原城里“矢石交下如雨”，几乎城无完堞。五月，北汉外绝援军，内乏粮草，军心动摇。刘继元欲战无力，只好出降，北汉遂平。宋朝得其 10 州 40 县。

北汉主虽然投降，北汉名将刘继业①仍率军英勇作战，据城抵抗。宋太宗爱其忠勇，很想引为己用，令刘继元招抚刘继业。为保全城中百姓，刘继业最终停战。宋太宗大喜，立即封刘继业为右领军卫大将军，并加厚赐，恢复杨姓，名业。

消灭北汉之后，宋辽之间就形成了直接对峙的局面，如何应对辽朝，成为宋太宗的当务之急。

---

① 北汉名将，正是家喻户晓、妇孺皆知的杨家首将杨业。

知彼须知此。问筹边、攻守规模，云何则是。景色惜惜犹日暮，壮士无由吐气。又安得、将如廉李。燕坐江沱甘自蹙，笑腐儒、枉檀朝家紫。用与舍，徒为耳。

——〔宋〕冯取洽《贺新郎·次玉林感时韵》

啃不下的硬骨头

与宋朝对峙的辽朝，是契丹人建立的，亦称契丹国。契丹本是生活在内蒙古东南的鲜卑族分支，916 年建立国家，国号为大契丹国。

936 年，正值五代十国时期，后唐河东节度使石敬瑭欲反后唐自立，向契丹求援。此时的契丹国经过 20 年的发展已经完成了内部统一，正寻求向外扩张的机会。得到石敬瑭的请求后，继承帝位不久的辽太宗立即抓住进入中原的机会，同意出兵，条件是：事成之后，辽太宗与石敬瑭约为父子，石敬瑭割让所辖燕云十六州。

为了一己私利，石敬瑭不顾大臣们的反对，答应了契丹国的要求。随后，辽太宗亲自率五万铁骑，30 万大军帮助石敬瑭灭掉后唐，当了皇帝，建立了后晋。两年后，即 938 年，石敬瑭把燕云十六州割让给契丹，使得辽国的疆域扩展到长城沿线。

燕云十六州基本上都分布在长城的南侧，地势居高临下，易守难攻，是长城防线背后的战略支撑点，其中瀛、莫二州还深入到河北腹地数百里。可见，燕云十六州是中原的屏障，具有重要的军事地位。割让此地使得中原屏障洞开，河北、河东几乎无险可守，中原失去了与北方游牧民族的天然屏障和人工防线，为契丹染指中原提供了便利条件，从而对中原构成了极大的威胁。

五代各个王朝曾多次出兵，试图夺回这一地区，但是燕云十六州已是一块硬骨头，无人成功。后周世宗柴荣励精图治，亲统大军攻辽，也仅仅收复瀛、莫二州，在进攻幽州时，突然病重，不久后英年早逝。

宋朝建立之初，正值辽朝国势强盛，且与北汉结好，雄踞北方，使得宋朝收复燕云十六州的希望变得很渺茫。但是，宋太祖赵匡胤执着于中原王朝大一统的传统观念，梦寐以求收复燕云十六州。他曾对近臣说："石晋（指后晋皇帝石敬瑭）苟利于己，割幽蓟以赂契丹，使一方之人独限外境，朕甚悯之。"

不过，宋太祖赵匡胤也很清楚，他面对的是一个强敌，这个强敌是个民风彪悍又善战的民族，且"举族皆兵"，战争一旦打响，全族民众即刻急速行动，行军无须自带粮饷，全靠四处掠夺。在兵力对比上辽朝优势很明显，938 年，辽朝已拥兵 30 万，而宋太祖时期禁军只有 10 万。宋太祖深知实力悬殊，不可能轻易出兵攻取失地，硬的不行就来软的，转而打算用金钱赎回燕云十六州。

为此，宋初建立了“封桩库”[1]，将每年的财政盈余积存起来，准备等到蓄满三五百万以后“即遣使与契丹约，苟能归我土地民庶，则当尽此金帛充其赎直。如曰不可，朕将散滞财，募勇士，俾图攻取耳。”他做了一个估算，“若以二十四绢购一契丹人首。其精兵不过十万人止费二百万绢，则敌尽矣。”可见，赵匡胤已经做好了富国强兵的准备，欲与辽国展开持久战。此后，宋朝出兵南方，在剪灭割据政权的同时，聚敛财富充实封桩库。因为“先南后北”的政策，终宋太祖之世，宋辽之间基本维持着互不侵犯的状态。

太平兴国四年（979），宋太宗赵光义消灭北汉之后，认为一统天下的时机已经成熟，有宋太祖留下的封桩库，财力雄厚。加之白马岭大涧一战，宋军一举击败辽军，使赵光义对宋朝的军事力量充满信心，从而低估了辽军的实力。于是，在攻下太原城后只留驻半个月，就整顿部队，向东进军，继续实现天下一统的夙愿。虽有群臣劝谏和反对，但是，赵光义坚持发兵进攻燕京（今北京西南）。

太平兴国四年（979）五月二十日，宋军从太原出兵伐辽，志在夺取幽蓟。此次伐辽，由赵光义亲自挂帅统领。

五月二十九日，宋军越过太行山，一路无阻，顺利进入河北

---

① 宋初收缴各割据势力所藏金帛至京师，另置库储存，称封桩库，每年节余亦存入此库。

平原，抵达北边重镇镇州（今河北正定）。赵光义事先已将镇州设置为北面行营，并“遣发京东、河北诸州军储赴北面行营”。

六月初七日，京东、河北诸州的武器粮秣运到北面行营。十三日，赵光义从镇州亲自督军北上。十九日，宋军进入辽国控制区，占领金台顿（今河北保定市东关外）。次日，前锋的东西班指挥使傅潜、孔守正已进至岐沟关（今涿州西南）。由于宋军不熟悉北上路线，所以招募当地人为向导，乘夜“逾短垣、过鹿角”，占领了关外的断桥。

宋军大举北伐，出乎辽国预料，宋军北上几乎未遭到辽兵的阻击。宋军进入辽东易州（今河北易县）后，辽刺史刘禹献城投降。赵光义留下千人守城，继续北进。此时，为阻止宋军向北推进，辽将耶律希达、统军使萧讨古和乙室王撒哈以在沙河（今涿州北拒马河）布防，但是宋军在指挥使傅潜、孔守正的带领下兵锋甚勇，一鼓作气击败辽军，俘虏五百余人。

六月二十一日，宋军围攻涿州，辽朝涿州判官刘厚德投降。二十三日黎明，宋军先头部队抵近幽州城南郊。辽南院大王耶律斜轸认为宋军士气高涨，锐不可当，决定智取宋军，随后便引兵退驻得胜口（今北京昌平北），再利用耶律希达兵败的机会，挂起耶律希达使用的青旗，佯作溃军。宋军不知有诈，轻敌冒进。这时，辽兵一部从宋军侧背抄袭，赵光义见势不妙，命令宋军停止进攻，退回城南。耶律斜轸趁机进至清沙河北（今北京清河附近），遥为幽州声援。

接下来，赵光义亲自部署战略，对幽州城展开围攻，并派一部兵力监视耶律斜轸。六月二十五日起，赵光义令定国军节度使宋渥攻南面，河阳节度使崔彦进攻北面，彰信节度使刘遇攻东面，定武节度使孟玄喆[1]攻西面。

在宋军强大的攻势下，幽州城内人心浮动，而燕京周围的诸多辽军据点及重镇也纷纷倒戈。七月，统领顺州（治今北京顺义）的辽建雄军节度使、知顺州刘廷素叛辽降宋；辽知蓟州刘守恩也开城投降宋朝。燕京城处于宋军重重包围之中。

幽蓟之地本是汉人聚居地区，百姓长期不满契丹人的统治和欺凌，见宋军攻城，汉人百姓纷纷“以牛酒犒师”。宋军将士备受鼓舞，攻城阵势更加声势浩大，飞矢如雨。不久，契丹铁林都指挥使李札卢存率部下百余人出降，城中更加恐惧。赵光义也以为幽州旦夕可下，便提前任命宣徽南院使潘美知幽州行府事。

宋军的大举北伐以及燕京地区陷入包围，使得辽朝大为震惊，辽景宗耶律贤急令宰相耶律沙、大将耶律休哥率兵增援。

此时，宋军正全力攻城，而辽朝守臣韩德让也全力抵抗。七月初六日，耶律沙率部先抵幽州，宋军急忙调围城部队仓促迎战。两军于城外高梁河（今北京西直门外）展开激战。

交战之初，宋军阵容齐整，士气勇猛，辽军一时招架不住，

① 孟玄喆，后蜀皇帝孟昶的太子。

战至黄昏，耶律沙军败退，宋军乘势追击。时遇耶律休哥率骑从间道驰至，冲杀而来。宋军不知其多寡，不敢再进，于高梁河畔布阵抵御。

入夜，耶律休哥与原屯清河的耶律斜轸合军，乘夜暗分左右两翼向宋军发起反击。契丹铁骑如猛虎下山，势不可挡，同时，幽州城内的辽兵见援军已至，开门列阵，四面鸣鼓，猛攻宋军，耶律休哥本人更是身先士卒，奋勇向前，辽军士气大振。宋军三面受敌，顿时大乱，全军溃退，死者万余人。次日黎明，宋太宗在混战中腿上中了两箭，在众将的护卫下，突围脱险，乘驴车南逃。此时，耶律休哥也伤势严重，不能骑马只能乘车，但是仍然追击赵光义至涿州才罢休，宋太宗逃脱还朝。

高梁河之战，宋军全线溃败，辽军则乘胜追击，占据蓟、顺等重镇，宋朝北边形势严峻。为了报复，辽朝兴师大举伐宋。

九月三十日，辽军主力进抵满城（今河北满城北）西郊集结，宋镇州都钤辖、云州观察使刘延翰率军全力应战，大败南下的辽军。为防辽军再犯，宋太宗调用原北汉名将杨业，委以知代州（今山西代县）兼三交驻泊兵马部署的要职，归属三交都部署潘美指挥。杨业上任不久，太平兴国五年（980）三月，辽景宗再次以10万兵力犯宋，直逼代州雁门关，杨业以数百精骑，与潘美的大部合击，大败辽军。辽朝驸马侍中萧咄李被斩、都指挥使李重诲获擒。雁门大捷后，辽军一见杨业的旗帜便望而生畏，“杨无敌”的威名自此远播辽朝。

与此同时，赵光义对北疆的防御做了周密的安排，派出众多军队分别屯驻关南（今河北瓦桥关南）、镇州、定州，并修筑直达北疆的驿道，以作为传递军情及调兵之用，从而巩固和加强了北部边防。

十一月，宋太宗赵光义认为北疆防御已经稳定，而辽军的两次南侵均告失败，便再次征伐契丹，结果仍未获胜。双方互有胜败之后，谁都不敢轻举妄动。赵光义也感到宋、辽两国势均力敌，夺取燕云十六州绝非易事，于是改变策略，重点加强北部边防，等待时机成熟再战。

风光全似中原日，

臭味要须我辈人。

雨后飞花知底数，

醉来赢取自由身。

——〔宋〕张元干《瑞鹧鸪·彭德器出示胡邦衡新句次韵》

金匮之盟

赵光义继承皇位之后，对内实施了一系列的改革措施以巩固皇位，对外因收复了北汉，威望得以提升。但是，皇位继承问题对他来说仍如骨鲠在喉，原因是“兄终弟及”的皇位继承方式与传统的“父子相传”相冲突，名不正言不顺。

登上皇帝宝座之后，宋太宗任命皇弟赵廷美为开封府尹兼中书令，封齐王，后又改封为秦王，表明自己沿用宋太祖时皇弟尹京的旧制。但是，如此一来就将赵廷美摆到了准皇储的位置。而“嫡长子继承制”的第一人选——赵匡胤的儿子赵德昭，也被宋太宗封为武功郡王，出任永兴军节度使兼侍中，与赵廷美一样地位在宰相之上。

这些做法原本是为了稳定人心的权宜之计，待皇位稳定之后，却又变成了新的障碍。

太平兴国四年（979），赵德昭随宋太宗征幽州。七月初六夜，宋军遭到契丹兵夜袭，宋太宗受伤冲出重围，军中许多人不知其去向，于是有人谋立赵德昭为帝。不久，宋太宗有了下落，这事便不再提起。后来，宋太宗知道了这件事，非常恼火，心中一直耿耿于怀，深感朝廷中有拥立赵德昭、反对自己的潜势力。

班师回朝后，宋太宗因北征幽州失利，心中不快，对讨平北汉的功臣一直拖延不赏，将士们产生了不满情绪。一天，赵德昭为这件事向宋太宗进言，建议早日行赏。宋太宗听了大怒，训斥道："等到你做皇帝时，再行赏不迟！"赵德昭惶恐不安，知道这是宋太宗对军中那次拥立之事心存怨气，于是回到寝宫关起门，竟然用水果刀自刎而死。

两年后，太平兴国六年（981）三月，宋太祖赵匡胤的四子、23岁的赵德芳也不明不白地死去。这样一来，对皇位构成威胁的只有秦王赵廷美，而其准皇储的地位更是宋太宗的一大心病。九月，宋太宗的早年幕僚如京使柴禹锡告发秦王赵廷美"可能有阴谋"，此人显然是为了迎合宋太宗而来的。不过，宋太宗并未轻信，一来赵廷美是他的亲弟弟，二来赵廷美身居要职，又与掌握中枢大权的次相卢多逊交往甚密，根基深厚牵连广泛，同时他又想起了另外一个人——赵普。

赵普是宋朝的开国元勋，当年与赵光义共同谋划"陈桥兵变"，协助赵匡胤登上皇位。赵普出身微贱，年轻时熟悉吏事，却读书少，没有多少学问。任宰相后，宋太祖经常劝他读书，于是，每天回朝居家时，赵普就关起门来阅读《论语》，第二天处理政务时就有了依据。这就是传说中平生只读过半部《论语》的赵普，却以非凡的才智辅助宋太祖赵匡胤，实施一系列的政治、军事改革，强化了中央集权体系。宋太祖待他亲如手足。但是，开宝六年（973）八月，赵普被罢相出朝，任河阳（治今河南孟州市南）节度使。

宋太宗即位后，赵普于太平兴国二年（977）上书，请求入京参加宋太祖入陵葬仪。当时赵光义刚刚即位，对于这位宋太祖幕僚心存防范。两人虽曾共谋“陈桥兵变”，但是赵普担任宰相的十年间，权势日盛，赵光义的势力也远不能及，二人也曾明争暗斗。

赵普要求入京时，宋太宗顺势罢其使相①之职，任赵普为太子太保，在京师供职。太子太保与太子太傅、太子太师并称为“东宫三师”，从一品官，是个典型的虚衔。如此一来，赵普形同住进高级公寓，有至高的荣誉，却没有任何实权。宋太宗只是想把赵普留在京师，便于控制。此后，赵普备受冷落，寂寞度日，却也在寻找东山再起的机会。

赵廷美的事，终于让宋太宗想起了赵普。赵普富于权术，应召见到宋太宗后，立即表示“愿备枢轴，以察奸变”。退朝以后，又立即呈上一份密奏，声称早年受太祖、太宗之母杜太后的顾命，

---

① 使相就是节度使加同平章事、侍中、中书令的头衔，或指原任宰相的勋旧大臣罢政后加节度使的头衔，但不领中书政事，只作为一种荣衔。

书写过一份“金匮之盟”。

说到“金匮之盟”的来历，事起于建隆二年（961）。当时，太祖、太宗之母杜太后病重，自知命已不长，召宰相赵普入宫。据说宋太祖也在场，太后问太祖：“你知道，你是怎样得天下的吗?”太祖说是祖先及太后的恩德与福荫。太后说：“不对，你能得天下，是因为周世宗留下幼儿统治天下。假如周氏有长君，天下岂为汝所拥有？所以你死后当传位给弟弟。四海至广，能立长君，国家之福也。”宋太祖泣拜，说：“儿铭记教诲。”杜太后又对站立一旁的赵普说：“你也要记住我的话，不可违背。”赵普便将杜太后的话以遗命的形式写成誓书，并在末尾署上“臣普记”，收藏在金匮之中，命谨慎小心的宫人掌之，称为“金匮之盟”。

赵普抛出“金匮之盟”，令赵光义大喜过望。因为赵普是密奏，除了宋太宗无人知道。金匮之盟既是密约，藏在宫中，秘无人知，加之见证人只有赵普一人，所以不论世人如何怀疑，人们也都不得不接受这个“事实”。

只是，所谓的“金匮之盟”，终究找不到盟约的原文。直至今世，怀疑和相信两派学人争论不休，尚无定论。后世对这段“金匮之盟”的故事多有怀疑，更多人相信这是宋太宗赵光义与赵普勾结起来编造出来的谎言，目的是为宋太宗不正常的即位制造一个合法根据。

赵光义按赵普的说法找到了“金匮之盟”。次日，赵普也恢复了失去的地位，重登相位，兼侍中。转年，赵普向宋太宗报告，卢多逊与秦王赵廷美勾结，妄图谋夺帝位。宋太宗大怒，立即将卢多逊罢相下狱，追究同党，涉案属吏和证人均被处死。赵廷美被勒令归私第，其儿女不再称皇子皇女。

太平兴国七年（982 年）五月，开封知府李符落井下石，上奏说赵廷美不思悔改，恨怨之多，“乞徙远郡，以防他变”。于是，赵廷美又被贬为涪陵县公，安置到房州（今湖北房县）。两年后，38 岁的赵廷美忧悸成疾，死于房州。

至此，帝位竞争者被清除干净，宋太宗可以顺利地将皇位传给自己的儿子了。太平兴国七年（982）七月，宋太宗封长子德崇为卫王。而这时的赵普也没有了利用价值，次年十月，赵普再次被罢相出朝，到地方出任武胜节度使。

赵普的仕途再受挫折，而他使出浑身解数引出的“金匮之盟”，与“陈桥兵变”“烛影斧声”一起被后人并称为“宋初三疑案”。

十一月，宋太宗开始组建新的统治班底，提拔参知政事宋琪、李昉为宰相，提拔翰林士李穆、吕蒙正、李至为参知政事，张齐贤、王沔为枢密直学士。至此，宋太宗的新政权得以进一步巩固。

国士寥寥马不嘶，

白云深锁五郎祠。

宋家世界空成梦，

铁棒常拈欲恨谁！

——〔明〕释镇澄《清凉山志》

雍熙北伐

解决了皇位继承问题，宋太宗并没有就此高枕无忧。自高梁河战役之后，在对外边患问题上，宋太宗一是采取了守势，二是积极联合周边各国，伺机合攻辽朝。最初，宋太宗想到的是东北地区受契丹控制的少数民族政权，比如定安国①。

太平兴国六年（981）冬，定安国王乌玄明利用女真使者访宋之机向宋太宗献表，表示要“率胜兵而助讨，必欲报敌”。但是，定安国毕竟距离宋朝太远，使者往返通信都不方便。于是，宋太宗决定说服与宋朝保持朝贡关系的高丽国参战。

① 定安国前身名叫渤海国，926年为契丹辽国所灭。为了反抗契丹政权的统治，渤海国遗民新政权即定安国建立。其统治中心是原渤海西京鸭渌府（今吉林省临江市一带），属地包括今日集安等地。

高丽政权建立于918年，高丽太祖是新罗贵族王建。经过四十余年的发展，到宋朝建立之初，高丽国已经征服新罗在朝鲜半岛建立了统一的国家。宋朝建立的第三年，即建隆三年（962）十一月，高丽派遣使臣李兴祐来宋朝贡，次年高丽国与宋朝建立了藩宗关系。太平兴国七年（982），高丽国王王伯去世，其弟王治总揽朝政，使臣金全携金银线罽锦袍褥、金银饰刀剑弓矢、名马、香药朝贡宋朝，并要求承袭王位。宋太宗授王治为检校太保、玄菟州都督，充大顺军使，封高丽国王。不久，宋太宗遣使赴高丽，要求联合出师共同攻辽，却未得到高丽的积极回应。高丽当时与东北地区的女真族关系紧张，正自顾不暇，担心应战后被女真乘虚而入。

宋太宗积极备战，辽景宗也没闲着。太平兴国七年（982）四月，辽景宗耶律贤亲自率将士越境南侵，双方战于满城（今河北塔院村），结果辽军大败。辽景宗回师后，九月病故，其子耶律隆绪即位，是为辽圣宗，时年12岁，由生母萧太后萧燕燕[①]（953—1009）总摄军国政事。

就在这时，夏州[②]（今陕西靖边）留后李继捧的弟弟的李继

---

① 辽北院枢密使兼北府宰相萧思温之女，耶律贤即位后，册封其为皇后。小字燕燕，名萧绰。后上尊号为承天皇太后，即历史上赫赫有名的萧太后。

② 夏起于党项，唐末该部首领拓跋思恭因帮助唐朝镇压了黄巢起义，唐封其为定难军节度使，统辖夏、银、绥、宥、静五州之地，入朝赐姓为李。宋初李彝兴以助宋抵御北汉有功，于乾德五年死时，宋太祖追封为夏王。其子克睿继立，累加检校太尉。太平兴国三年（978）克睿死，子继筠立。

迁叛宋，让宋太宗很是烦恼。

此事缘起于太平兴国四年（979），夏王李继筠死，其弟李继捧即位。太平兴国七年（982），李继捧因不能解决家族内部矛盾，亲率族落首领270余人，民户5万余帐投附宋朝，并献夏、银、绥、宥四州之地，自己表示愿居京师。宋太宗大喜，赐李继捧姓赵，名保忠，授夏州刺史、定难节度使，管理夏、银、宥等五州。

但是，李继捧的族弟李继迁率部居住在银州（今陕西榆林南），反对入宋。他认为，李氏居州列郡、独霸一方逾300年，今宗族尽入京师，不能将生死操纵于他人之手。于是率领心腹数十人逃入地斤泽（今内蒙古鄂尔多斯市巴彦淖尔），组织党项诸部，扩充实力，并且不断侵扰宋边境。

太平兴国九年（984）七月，李继迁率众袭掠夏州王庭镇（今内蒙古乌审旗西南），俘虏万计。九月，宋朝知夏州尹宪袭和都巡检使曹光实派出精骑，袭击李继迁，斩首500级，获其母妻，俘1400帐，李继迁突出重围幸免，此后又在黄羊平（今内蒙古乌审旗西北）重整旗鼓，以往受过李氏恩德的豪族多归其旗下。

太平兴国九年（984）十一月，宋太宗改年号为“雍熙”元年。

雍熙二年（985）二月，李继迁与弟李继冲再赴夏州假意投降，诱杀都巡检使曹光实于葭芦川（今陕西佳县），袭据银州，复破会州。而后，与宋军交战，李继迁连连战败。雍熙三年（986）初，李继迁决定归附契丹。辽圣宗欣喜接纳，授定难军节度使、银夏绥宥等州观察处置等使、特进检校太师、都督夏州诸军事。

不久，还将宗室之女封为公主嫁给李继迁。

有了辽朝的支持，李继迁有恃无恐，不断袭扰宋朝西北边境，屡屡得手。这令宋太宗更加坚定了讨伐辽朝的决心。

雍熙二年（985），宋太宗遣韩国华为使专程赴高丽要求出兵协助，夹击辽国。高丽王迫于情面，表示可以出兵，但是战争打响之后，高丽国并未参战。

经过燕京围城之役以来的7年准备，宋太宗自认为从战略物资的积聚和兵力的休整方面都足以应付一场大战。雍熙三年（986）正月，宋太宗调兵遣将，再次发动对辽的大规模战争，史称“雍熙北伐”。

宋太宗之所以有信心对辽开战，是因为知雄州贺令图等边将上奏称“契丹主少，母后专政，宠幸用事，请乘其衅，以取幽蓟”。其实不然，萧太后史称“习知军政”，绝非等闲之辈。

太平兴国八年（983）八月，辽改国号为“大契丹”。当时的辽朝，宗室200余人拥兵握政，向背难测。萧太后毅然启用守卫南京幽都府（今北京西南）有功的南院枢密使韩德让①为政事令兼枢密使，总摄卫兵；任命于燕京、瓦桥关两度大败宋军的辽朝第一大将军耶律休哥为南面行军都统；提升南院大王耶律斜轸守

---

① 韩德让，辽臣中辅政最久、集权最多、宠遇最厚、影响最大的一人。对辽圣宗前期的施政，如改革制度、改善契丹和汉族的关系，以及维护辽宋盟约等，都起到了重大的作用。

司徒为枢密副使；命耶律勃古哲总领山西诸州事。

在几位重臣的辅佐下，萧太后稳稳控制着辽朝政局，在她的治理下，辽国也进入了最强盛时期。宋太宗在这时候对辽国开战，显然是选错了时机。

宋太宗将宋军分为三路：东路，以天平军节度使曹彬为主帅，河阳三城节度使崔彦进为副将，又以侍卫马军都指挥使、彰化军节度使米信为西北道都部署，沙州观察使杜彦圭为副将，率领宋主力军 10 万分路而行，出雄州（今河北雄县），向辽国南京进发，牵制辽军主力；中路，以侍卫步军都指挥靖难军节度使田重进为统帅，自定州出飞狐口（今河北涞源）直取蔚州；西路，以检校太师、忠武军节度使潘美为主帅，杨业为副帅，统兵出雁门关，攻取关外诸州。待中、西两路军攻各自目标后，再与东路军会合，然后合围南京。

三月，三路大军相继发兵，与辽军交战。一开始，各路大军进展都很顺利。东路军攻占了岐沟关、涿州等地。中路军攻占了灵丘、蔚州（今河北蔚县）。西路军更是连克寰（今山西朔州朔城区东北）、朔（今山西朔州朔城区）、云（今山西大同）、应（今山西应县）等州。

四月，西路、中路军继续推进，节节胜利，重创辽军，连克辽重镇，尽收要害之地。但是，东路军曹彬的部队行进速度过快，进占涿州以后，因粮草不济又不得不退兵雄州。宋太宗闻讯大怒，令其速与米信会师，养精蓄锐，等待中、西路军的会师。而这时，中、西路军屡战获胜的捷报不断传来，东路虽然有精兵强将却战绩平平，因此将士们立功心切、纷纷要求出战。曹彬不得已率军向米信军会合，并带上仅有的粮草再度进攻涿州。

此时辽援军未至，耶律休哥仍坚守南京，不敢贸然出战，避免与宋军正面交锋，同时派轻骑兵深入东路曹、米两军之间，斩杀流动于营外的零散宋军，恐吓宋兵，并设伏于林莽之中截断宋军粮道。

辽军的不断来袭，令宋军将士忙于防御、疲惫不堪，从雄州到涿州仅百余里路，走了 20 多天。待曹彬率军抵达涿州时，萧太后母子已经亲统援军驻扎城下。曹彬知道难以取胜，连忙退兵。这时，耶律休哥已补充了精锐的援军，全力追击宋军。

五月，两军激战于岐沟关，宋军以粮车环绕自卫，不敌辽军的进攻。曹彬、米信趁夜色率部突围，渡拒马河时，遭辽军追击，死伤无数。东路军的失利，使得宋太宗的北伐战略难以实现，急令曹彬等撤回东京，中路军退驻定州，西路军退回代州。

七月，契丹耶律斜轸指挥 10 万重兵反击，大败宋军于五台（今山西五台县），宋兵死者数万，辽夺回蔚州。耶律斜轸一鼓作气席卷飞狐、浑源、应州，宋兵尽弃城而逃，耶律斜轸乘胜入寰州，杀守城吏卒千余。

这时，西路军又接到宋太宗的指令，要求他们掩护寰、朔、云、应四州居民迁至内地。当时，耶律斜轸兵势甚盛，西路军副帅杨业建议避开敌军主力，欲领兵出大石路，直入石碣谷，以避其锋。但监军王铣却逼他与辽军正面交锋，主帅潘美畏惧权威，对此不置可否，杨业无奈，只得听命出战。行前，杨业请求派兵在陈家谷口设伏，希望转战至此时，能依靠伏兵夹击得胜，潘美答应了。然而，当杨业与耶律斜轸的大军浴血苦战退至陈家谷口时，潘美、王铣已经率军逃走，陷杨业而不顾。杨业无路可退，随即调转马头，率领帐下将士再次冲向辽军。结果，寡不敌众全军覆没，其子杨延玉阵亡，杨业中箭被俘，后绝食三日而逝。辽军在岐沟关和陈家谷两次战役中大获全胜，宋边境大震，云、应、朔诸州的将吏，都弃城遁去，三州疆土，复送契丹。

稍作休整后，十一月，契丹以耶律休哥为前锋，辽圣宗、萧太后统兵 10 万分东、西两路南下攻宋，直扑瀛州（今河北河间），大举报复宋朝的“雍熙北伐”。瀛州部署刘廷让带兵 10 万迎战，在君子馆遭到耶律休哥伏击，刘廷让请求沧州守将李继隆救援，岂料李继隆畏缩不来。宋兵死者数万，刘廷让仅带数骑逃脱。辽军乘胜南攻，横扫代州、邢州、深州、祁州（今河北无极）、德州，大肆抢掠，满载而归。

“雍熙北伐”是宋辽之间规模最大的一次战役，面对辽朝的强兵强将，赵光义错误任用监军王铣、主帅潘美，不仅丧失名将杨业父子，也令其收复燕云的最后努力以惨败而告终。此次战役，宋朝数州土地得而复失，损兵 10 多万，接近宋太祖时禁兵总数，折将多员。“雍熙北伐”的失败，使宋朝君臣将士滋生了恐辽心理。赵光义再也不敢用兵北伐，宋廷对辽的战略从此也由攻势转为守势。

雨恨云愁，江南依旧称佳丽。水村渔市，一缕孤烟细。
天际征鸿，遥认行如缀。平生事，此时凝睇，谁会凭栏意！

——〔宋〕王禹偁《点绛唇·感兴》

学习的革命

伐辽失败，令宋太宗采取了务实的对外政策——转攻为守。宋太宗对北边戍守兵将重新进行了部署，只为阻止辽朝骑兵的南攻，不再言开边战事。随后，掉转方向整顿内政。

公元988年，改元“端拱”。改元后，宋太宗调整高层人事，再度起用赵普出任宰相，与吕蒙正并列相位。

回首雍熙北伐之际，赵普时任邓州知州，正当宋军节节胜利之时，上书《班师疏》力陈北伐弊端，批评宋太宗“乐祸求功”。北伐失败后，宋太宗痛定思痛，深感赵普见识过人，决定再次起用。

端拱元年（988）五月，李继迁犯边，宋太宗采纳赵普的建议，授命李继捧为定难军节度使，赐姓名赵保忠，遣往夏州，劝弟归降。不料，赵保忠却被李继迁拉拢回去。与李继迁犯边相比，辽军的攻击则更加猛烈。九月，辽圣宗率师南下，攻克涿州。十月，辽军再破沙堆驿，夺益津关（今河北霸州）。耶律休哥兵进长城口，大败定州守将李兴。随后，辽军乘胜拔满城、掠祁州、取新乐，陷易州至唐河北。定州监军袁继忠、都部署李继隆不堪忍受辽军如此狂妄地长驱直入，二人身先士卒，共同出兵阻敌，大败辽军，追击至曹河。

面对辽军咄咄逼人的态势，宋太宗只是诏令守军坚壁清野，不得与战。在对辽的态度上，宋太宗从积极进取转向了消极保守，表现得软弱可欺，但是，在内政统治上却展现强势进取之势。

实事求是地说，宋太宗赵光义是一位励精图治、勤于政务的皇帝，许多事情都亲力亲为。例如，官员的选拔、财政方面的钱粮等细碎事情，他都要亲自参与、一一过问。

宋太宗对游玩娱乐不感兴趣，身上也没有五代君王的尚武习气。反而很喜欢读书，自称每天退朝“不废观书”。他说：“朕性喜读书，开卷有益，不为劳也。”此外他还喜欢亲自写诗作文，据记载，朝廷曾收集宋太宗的诗文编成御制诗文 11 卷，并收藏。可惜文集后来散失，未能流传至今。

因为宋太宗喜欢读书，也就自然地将宋太祖“重文抑武”的国策发扬光大，甚至拉开了一场影响后世的学习的革命。“上有所好，下必甚焉”，随着读书风气的形成，朝廷中，不仅文臣向学，武将也读起书来。

端拱元年（988），宋太宗还下诏扩大科举规模，以培育更多的文官人选。

闰五月，礼部放榜，进士 28 人，诸科 110 人。榜既出，谤议蜂起，纷纷上书要求复试。为了避免遗漏人才，宋太宗下诏在崇政殿复试。六月，又命右正言王世则等召进士及诸科在武成王庙重试，得合格者数百人，又选拔进士 31 人，诸科 89 人，并赐及第。

随着科举规模的加大，淳化三年（992），诸路贡士已达 17000 余人。为了加强考场纪律，防止舞弊现象，宋朝廷采用“糊名考校”之法，此后便成为科举考试的固定方法之一被沿用下去。

宋太宗对老子十分感兴趣，并且把老子的思想作为治理国家的指导思想。他曾说：“清静致治，黄老之深旨也。夫万务自有为以至于无为，无为之道，朕当力行之。”

宋太宗爱阅读，也使得他非常重视文化机构的设置。端拱元年（988）初，宋太宗在崇文院的中堂又设置了秘阁，收藏三馆图书及书画等精品。并设直阁、校理等官职，分别由朝官、京官充任，并以诸司三品、两省五品以上非兼职者一人通掌阁事，掌缮写秘阁图书。

为了加强财赋的监管力度，八月，宋太宗设了置都转运使。以右谏议大夫樊知古为河北东、西路都转运使，执掌财赋，审理账目，检查储积，同时，监察各州官吏，并将官吏违法以及民生疾苦情况上报朝廷。

端拱二年（989）初，辽军再犯宋边，宋太宗诏令群臣为“备边御戎”献计献策。右正言直史馆王禹偁上奏称：“备边之策，在外任其人而内修其德耳。在外者，一曰兵势患在不合，将臣患在无权……在内者，在省官吏，慎选举，信用大臣，禁止游惰。望陛下少度僧尼，少崇寺观，劝风俗，务田农，则人力强而边用实矣。”

知制诰田锡上奏认为：“边上动，由朝廷动之；边上静，由朝廷静之。……欲理外，先理内，内既理则外自安。”朝臣们的建议，更坚定了宋太宗的“守内虚外”政策。

由于宋太宗加强了内政整顿，也使得一些朝臣的仕途之路随之起伏。这一时期，除王禹偁、田锡被提拔重用之外，端拱二年（989）七月，左正言直史馆寇准因极言北边利害，深得宋太宗的赏识，提拔为虞部郎中、枢密直学士。九月，赵普察觉到宋太宗有重用吕蒙正的打算，就称病乞休，让吕蒙正独坐相位。吕蒙正为人质厚宽简，素有众望，以正道自持，遇事敢言。

但是，吕蒙正的相位也没坐多久。

淳化[①]二年（991 年），度支判官谏官宋沆等 5 人联名上疏，请求宋太宗立元僖为皇太子。前面提到，太平兴国七年七月，宋太宗封长子德崇为卫王，后来改封楚王，改名元佐。但是，当年赵光义的弟弟赵廷美被贬出朝时，元佐不满父亲迫害四叔，曾试图说服宋太宗，未果。雍熙元年（984），赵廷美死讯传来，元佐

① 990 年，太宗又改元淳化。当年五月，朝廷下令铸淳化元宝，太宗亲书，分真书、行书、草书三体，开御书钱的滥觞。淳化钱分大小两种，大钱当十钱。自此后每改元必更铸钱，以年号命名。

受了很大刺激，精神失常。第二年，宋太宗不得不将他废为庶人，提拔次子赵元僖出任开封府尹。

赵光义共有 9 个儿子，除了 1 个早夭，1 个精神失常之外，赵元僖至少还有 6 个竞争者。赵元僖虽然坐上了准储君的位置，但是，始终没有被立为太子。于是，拥立赵元僖的大臣便按捺不住，请立皇太子。而宋太宗还没有立太子的打算，大臣们上书请立太子，让宋太宗感觉自己的皇权受到了威胁。宋太宗非常生气，由于带头上书的宋沆是吕蒙正的妻族，还是吕蒙正提拔上来的，所以有朝臣借机攻击吕蒙正推荐亲友，结党营私。由此，吕蒙正被罢相，其他 5 人全被贬往千里之外。接替吕蒙正的是曾经两任宰相的李昉，与他同为宰相的还有张齐贤。

淳化二年（991）十二月，由于契丹阻隔女真族朝宋的道路，女真首领野里雉等遣使泛海入朝，请宋朝发兵夹击契丹，遭到宋朝廷的拒绝。为此，女真就依附了契丹。对此，宋太宗并不在意，仍然坚持“欲理外、先理内”的守内政策。

淳化三年（992）六月，京师地区粮食丰收，粮价骤降。为了避免“谷贱伤农”，保障农民的收益，宋太宗下令朝廷高价收购粮食，贮于京师，以便逢荒年减价卖给平民。

同时，随着人口增长，城市规模也不断扩大，在城市近郊和郊区不仅出现越来越多的居民点，还有逐渐活跃起来的商业活动。为此，有官员奏请朝廷对乡村市集加强管理，上言称：“岭南村墟聚落，间日会集，裨贩（小商贩）谓之墟市（乡村市集），请降条约，令于城邑交易。”宋太宗拒绝了这一建议，并表示：“徒扰民尔，可依其旧。”以示对民间商业活动的支持。宽松的商业环境，促进了商品经济的繁荣，宋朝廷也因此从中获得了丰厚的商税。至道三年（997），宋朝的赋税总收入为3559万贯，其中茶、盐、酒等商税为1238万贯，约占总税收的35%。朝廷为了掌握钱粮百物，宋太宗设置了三司都勾院，吏属三司。分户部勾院、度支勾院、盐铁勾院。各院设判官一人，其下有勾覆官一人。

由于机构扩张，官员增多，清浊混淆，为了加强对官员的管理，宋太宗又设立磨勘京朝官院和磨勘幕职州县官院，总称磨勘院，负责考核官员的政绩。同时，为了监视文武官员的言行，还专门设置了皇城司等作为监察机构，充当皇帝的耳目。

为了加强对全国的统一管理，宋廷还将全国行政区域各州县分并为十道，包括河南、河东、关西、剑南、淮南、江南东、江南西、浙东、浙西、广南。设左右计使，以京东为左计，京西为右计。各道设判官。

内政的治理似乎井井有条，但是，储君问题却一波三折。

淳化三年（992）十一月，年仅27岁的赵元僖暴死，宋太宗极为悲伤，罢朝五日。元佐精神失常被废，元僖又暴死，皇储问题成了宋太宗最大的心病。

父耕原上田，

子锄山下荒。

六月禾未秀，

官家已修仓。

——〔唐〕聂夷中《田家》

王小波起义

淳化四年（993）二月，正当宋太宗还在为皇位继承人问题苦恼之时，四川爆发了一起大规模的农民起义，起因是农民不堪重负。

此时，宋王朝已建立30多年，土地兼并现象日益严重，因为宋朝廷采取“不抑兼并”的土地政策。这一政策提倡谁有能力、有财力，土地就归谁，调动了百姓开荒垦田的积极性，却也导致了“富者连阡陌、贫者无立锥之地”的社会现象。

蜀土富饶，素称“天府之国”。四川地区富豪对土地更是巧取豪夺、大肆兼并尤为严重，失去土地的百姓只得依附土豪地主，被雇用为“客户”[1] 和“佃客”。宋朝灭后蜀后，又纵兵掳掠，搜刮金、银、铜、币、珍宝等“重货”和布帛等“轻货”，用时十年运往京师开封，更是加重了百姓的负担。

淳化年间（990—994），宋朝廷在四川设置“博习务”，垄断了布帛商业贸易，豪强地主趁机“释贱贩贵”从中渔利，断绝了大批农民和小商贩们的生路。另外，朝廷还在四川推行茶叶专卖，使茶农和茶贩面临破产和失业的境遇。

淳化四年（993），四川大旱，在天灾人祸的重压之下，二月，青城（今四川都江堰市南）地区最终爆发了以王小波为首的农民武装起义。

王小波是青城的一个靠贩茶为生的茶贩，官府禁止私卖茶叶后，王小波断了生路，便与同为茶贩的妻弟李顺聚集了 100 多个茶农和贫民揭竿而起，喊出“吾疾贫富不均，今为汝均之”的口

---

① 北宋时期的佃农，通称“庄客”“佃客”“田客”或“浮客”。他们没有一寸土地，流动他乡，通过租佃关系，租种地主的土地，遭受地租和高利贷的沉重剥削。也因此宋代的户口分为“主户”与“客户”两种，即土地的主人为“主户”，替主户种田的人便是“客户”，但是“客户”也有通过苦劳耕种致富成豪民的。宋人魏泰著《东轩笔录》记载：汜县李诚庄园“方圆十里，河贯其中……有佃户百家”，后来李氏犯法，其田籍被官府没收，县令劝李氏子孙低价从政府手中再购回田庄，但是李家子孙无钱，最终，李诚庄田客出钱协助李诚子孙购回田产，李家拥有了此庄园，田客们也因此“常为佃户，不失居业”。

号，提出“均贫富”[①] 的主张。

王小波喊出了茶农和贫民的心声，迅即得到民众的拥护和响应，各地贫民纷纷加入起义军队伍，很快就聚集了几万人。

起义军首先占领了青城县城，接着，又乘胜攻打彭山（今四川彭山）。所到之处受到民众的积极响应，队伍不断扩大。十二月，王小波又带兵北上，进攻江原（今四川崇州市东南），与江原的宋军展开激战，最终攻占了江原，但是，王小波在战斗中重伤去世。

而后，起义军推举王小波妻弟李顺做首领，继续反抗官军。

李顺高举“均贫富”的旗号，将战果继续扩大。淳化五年（994）正月，起义军攻取了蜀地的中心成都，文武官员纷纷逃亡，起义军声势大振。李顺将富人的财产和粮食详细统计，留给他们生活必要的部分，其余一律没收，大赈贫民，深受贫苦民众的拥戴。

在军民的拥护下，李顺在成都建立了大蜀政权。李顺自称大蜀王，国号大蜀，建元“应运”，发行了“应运通宝”“应运元宝”新钱币。起义军“存抚善良，号令严明，所至一无所犯”。大蜀军兵锋所向，战果累累，除少数州县，四川全境大都归附新政权，宋朝为之震动。

宋太宗知道川蜀之变时，已是淳化五年（994）的正月，急命

① 在中国农民战争史上，这是第一次明确地提出这个口号的农民起义。

亲信宦官王继恩率领大军前往镇压。

王继恩分兵两路，派人从东面堵住巫峡的起义军，自己率领大军向剑门进发。

五月，王继恩集合各地宋军重兵围攻成都。驻守成都的10多万起义军，奋勇迎战，战死3万人。最终，成都陷落，李顺战死。

八月，朝廷对平定起义叙功论赏，中书拟任王继恩为宣徽使，宋太宗不批准，因为王继恩是宦官，宦官不参与朝政是宋太祖时期就已定的制度。但是，参政赵昌言、苏易简等力言王继恩功大，非此职不足以酬劳其功。宋太宗大怒道："太祖定制，何人敢违！"后来，在学士张洎、钱若水的建议下，朝廷特设宣政使一职授予王继恩。

然而，此时的四川却并未平静。

成都陷落后，王继恩进入成都，治军无方，专以宴饮为务，每出入，前后奏音乐，又令骑兵手持博局、棋枰自随，还纵容部下剽掠子女金帛，百姓怨声载道。

于是，在李顺的旧部张余的领导下，大蜀军余部万余人继续在四川各地顽强战斗，相继攻占嘉州（今四川乐山）、戎州（今四川宜宾）、泸州（今四川泸州）、渝州（今重庆）、涪州（今重庆涪陵区）、忠州（今重庆忠县）、万州（今重庆万州区）、开州（今重庆开州区）八州。在攻打夔州（今重庆奉节）时，张余兵败，退回嘉州。

宋太宗闻讯，于九月，任命枢密直学士、虞部郎中张咏为知益州[1]，督促王继恩出战。王继恩不理不睬。十一月，宋太宗再命枢密直学士张鉴以安抚之名，前往益州，督促王继恩镇压起义军。

为了笼络人心，宋太宗为此下“罪己诏”。自称：“朕用人不当，清浊不明，致使百姓之父母官不以亲民为政，专务贪暴，扰民为寇。因此，朕自责备，自今而后，永鉴前弊，改弦更张。”次年，改元“至道”。

至道元年（995）二月，在宋军的反扑下，张余兵败嘉州遇害。五月，张余的余部王鹭鹚自称“邛南王”，再次起事，进攻邛州（今四川邛崃）和蜀州（今四川崇州市）。这时，宋太宗接受了西川巡检石普的建议，一面出兵围剿，同时免除了当地百姓的一切租赋，以示安抚。王鹭鹚的起义军最终被镇压下去，起义余波就此平复。

---

① 宋朝收复成都之后，降成都为益州。

苍生往世弊凋残，今我如同赤子看。

大阐无为三教盛，承平方说四夷宽。

——〔宋〕赵炅《赐陈抟》

治世有良臣

平定蜀乱不久，至道元年（995）四月，宋太祖赵匡胤的正宫——开宝皇后宋氏——驾崩。此时的宋太宗业已年迈，可是对待宋太祖的遗孀却刻薄不减。丧礼中，宋太宗不戴孝，也不令群臣临丧。朝中文武百官无人敢言，只有翰林学士王禹偁看不过去，对同僚言道："后尝母仪天下，当遵用旧礼为是。"此话传入宋太宗耳中，宋太宗很不高兴，借口王禹偁轻肆，贬为工部郎中，外放滁州。

不久，宋太宗旧疾缠身又患足病，立储之事已是当务之急。

宋太宗有子九人，长子元佐被废，次子元僖和九子早逝。剩下的诸子中，唯有三子元侃稳重可靠。但是，宋太宗还是犹豫不定，于是想起了寇准。寇准为人刚直，曾因多次直谏，被宋太宗重用，但也正因刚直不够圆滑，直言顶撞了宋太宗，被贬到青州。尽管如此，宋太宗对寇准始终"心有戚戚焉"，常常因想念他而不高兴。他问左右大臣"寇准在青州高兴吗"？左右大臣猜想太宗想再次启用寇准，因而回答说：“听说寇准每天酗酒，不知道是不是也想念陛下。”不久，宋太宗召寇准还朝，对左右说：“朕得寇准，犹唐太宗之得魏征也！”关于立储之事，太宗将打算立三子襄王元侃的想法端出来，征询寇准的意见。寇准说：“知子莫若父，既以为可心，就立即决定。”有了寇准的支持，宋太宗就踏踏实实地任命元侃为开封尹，改封寿王。至道元年（995）八月，立寿王赵元侃为皇太子，改名恒，大赦天下。

此时，自唐末以来已越百年，册立皇太子的大典早已中断。因此，朝廷举行册立赵恒为皇太子的大典，令京师百姓欢呼雀跃。人们在兴奋的同时，也不忘对皇太子给予一番赞美：“真社稷之主也！”

宋太宗听到这些赞美却很不高兴，皇帝还在世，太子就如此得人心，令宋太宗妒火中烧。他对寇准说：“四海心归太子，欲置我于何地！”寇准见宋太宗心中不悦，宽解道：“陛下把天下交给自己选择的社稷之主，这是万世之福啊！”宋太宗听后才消气。

次日，宋太宗加封尚书左丞李至、礼部侍郎李沆为太子宾客，不久后又任命参知政事吕端为宰相。

太子赵恒天资聪明，很懂礼貌，对待李至、李沆等文臣“必先拜，迎送降阶及门”。在二李的悉心辅导下，太子每受书史，教读一过，便能背诵。讲寻经义，也能举一反三。对于狱讼，“裁决轻重，靡不称惬，故京狱屡空，太宗屡诏褒美”。

这时，西夏边境又复扰乱。此前，李继迁与李继捧忽而降辽，忽而归宋，反复无常。淳化五年（994），宋将李继隆用计挑拨兄弟俩火并，李继捧败逃，被捉送回开封。不久，李继迁又向宋朝献马谢罪，有意归附。宋太宗温言招抚，哪知这只是李继迁的缓兵之计。

至道二年（996）三月，李继迁围困灵州，又劫夺灵州四十万刍粟。宋太宗怒不可遏，决定彻底消灭李继迁。四月，宋太宗令李继隆出环州（今甘肃环县）、丁罕出庆州（今甘肃庆城），范廷召出延州（今陕西延安），王超出夏州，张守恩出麟州（今陕西神木），五路进讨，直趋平夏。到八月，双方经过大小数十战，互有胜负，灵州虽然解围，但李继迁仍然在逃。不久，契丹封李继迁为西平王。

正当边关征战不休之时，宋太宗的人生走向了终点。

至道三年（997）二月，宋太宗病危。宦官宣政使王继恩因忌恨太子英明，暗中联合参知政事李昌龄、知制诰胡旦等人策划政变，谋立宋太宗长子元佐。危急时刻，宰相吕端力挽狂澜。一天，宰相吕端入宫探视宋太宗，发现太子不在身旁，怀疑有变，即令亲随催太子入侍。

吕端为人稳重、镇静，处事宽厚忠恕，轻钱财，好布施。有人说吕端为人糊涂，宋太宗则说："吕端小事糊涂，大事不糊涂。"可惜吕端入相时已是60岁的老人了，宋太宗也曾后悔启用吕端太晚。不过，吕端入相后，不负所托，办事持重稳当，公道而廉洁，深得朝廷内外各方面的好评。

二月，宋太宗驾崩，在位 22 年，终年 59 岁。

宋太宗去世后，王继恩怂恿皇后拥立长子元佐继承皇位，随后奉皇后之命到中书去召吕端，此时的吕端早已知道王继恩的用意，设计把王继恩抓起来，并否决皇后的要求，拥太子赵恒嗣位。

即位仪式上，太子垂帘召见群臣，吕端立殿下不拜，请卷帘相见，待确定是太子时，才率领群臣高呼万岁，赵恒顺利登基，是为宋真宗。

落日塞尘起，胡骑猎清秋。汉家组练十万，列舰耸层楼。谁道投鞭飞渡，忆昔鸣髇血污，风雨佛狸愁。

——〔宋〕辛弃疾《水调歌头·舟次扬州和人韵》

真宗有意辽无情

宋真宗即位后，加封宰相吕端为右仆射，提拔太子宾客李至为工部尚书、李沆为户部侍郎兼参知政事。同时，恢复了赵元佐被太宗剥夺的楚王封号，追复皇叔赵廷美的秦王爵位，追赠堂兄赵德昭为太傅，追赠小堂兄赵德芳为太保。惩处以拥立元佐为名妄图政变的李昌言、王继恩、胡旦等人，将王继恩贬到均州、李昌龄贬为忠武军司马、胡旦流放浔州。

吕端对真宗即位功劳最大，即位之初，稳定政局也离不开吕端。只是吕端年老体衰，真宗即位次年就辞去相位，两年后过世。吕端辞相后，由张齐贤、李沆并列相位。

宋真宗赵恒即位后，广开言路，访求政见，群臣纷纷上疏言事，各抒己见。至道三年（997）五月，太宗朝时期被贬出朝的知扬州王禹偁上书言五事，揭示了宋朝的时局弊端，宋真宗很赏识，将其召回，再度担任起草诏令的知制诰职务。

十二月，李继迁又以退为进，再向宋朝上表请降，要求恢复对党项故地的统治权。真宗虽然知道李继迁并非诚意归附，但是即位之初，无暇西顾，就答应了李继迁的请求，复赐姓名保吉，封其为定难军节度使，领夏、绥、银、宥、静五州。

为了加强皇权统治，进一步对全国进行统一管理，朝廷取消了道的建置，将全国重新划分为十五路，即京东路、京西路、河北路、河东路、陕西路、淮南路、江南路、荆湖南路、荆湖北路、两浙路、福建路、西川路、峡路、广南东路和广南西路。咸平四年（1001），又分西川路为利州、益州二路，分峡西路为夔州、梓州二路，即川陕四路，“四川”之名由此而来。

998年，真宗改元“咸平”。真宗执政时期一共使用了五个年号，依次是咸平、景德、大中祥符、天禧和乾兴。其中，咸平用了六年（998—1003）。即位之初，宋真宗将关注点放在解决民生问题之上。

在太宗时期，对于各路拖欠的财税，朝廷时有赦免，但是地方官府往往不奉朝旨，仍令百姓交纳，以中饱私囊。咸平元年（998）四月，真宗采纳判理欠司王钦若的建议，下令各路转运使、州军长官，将文籍上登记的百姓拖欠税额全部免除。此次，共赦免欠款1000余万。

八月，真宗诏令三司重新度量茶、盐，酒三项税额。并责令不得加重百姓的赋税负担，各项开支宜加节约。

咸平二年（999）四月，真宗得知大通监（今山西交城境内）冶采的铁矿石大量盈积，足以供应各地几十年的冶炼需求。于是决定减轻百姓的徭役负担，下诏暂罢大通监冶采铁矿的工役。

为了进一步减免民众的赋税，咸平三年（1000）四月，真宗下令免除湖南地、屋税，并再次降低茶税。次年八月，又免枯骨税①。

在关注民生的同时，真宗也试图提高官员的待遇。七月，真宗根据宰相张齐贤的建议，决定发给外任官职田，以用作官员在职补贴，并免税。为此，真宗命朝臣在京西襄州（今湖北襄阳市）、汝州、颍州（今安徽阜阳）置营田②以备用。

为了加强对外贸易，九月，真宗在明州（今浙江宁波）建置市舶司，专理海外贸易征税、接待外商及收购舶来货物以资专卖等事务。宋太宗时期，已经在杭州设置市舶司，因此杭州港、明州港成为宋朝对朝鲜、日本等国的主要贸易港口。

随着经济的发展，城市的商业活动也日趋繁荣。在宋朝，商人只要纳税便可以在城中任意选择地点开设店铺，以至于越来越多的商人在街道两旁随意修建店铺，使得宽阔的街面越变越窄。咸平五年（1002），朝廷下令拆毁开封城内的“侵街”商铺，并在街道两旁设置标志，以维护都城的市容。

咸平六年（1003）六月，真宗又着手整顿中央机构三司使。太宗至真宗时，曾两度改三司为三部，分设盐铁使、度支使、户

① 耕牛死后要缴的税。

② 营田是官田的一种，募人耕种，量收租利。

部使，各行其是。这次，宋真宗将盐铁、度支、户部合并为一使，任命刑部侍郎、权知开封府寇准为兵部侍郎，担任三司使。

此时，宋朝仍然面临着契丹入侵的威胁。

咸平二年（999）五月，枢密使曹彬病重，真宗亲至府中问候，并且询问针对契丹入侵的对策。曹彬说："太祖英武定天下，犹委孙全兴和好。陛下初登极时，……臣料北鄙终复成和好。"真宗认同曹彬的看法，从此对辽朝抱定和好的态度。

然而，落花有意流水无情。

九月，辽圣宗亲率大军再次大规模攻宋。宋将镇州、定州、高阳关行营三路行营都部署傅潜，拥有步骑8万余，却畏葸不前。十月，辽军一路狂扫，乘胜攻遂城，守将杨延朗[①]凭城固守。时值严寒，命士兵汲水灌城，将城池冻成坚冰，守住了城池。

随后，契丹兵转向淄州和齐州。此时，宋真宗在忻州刺史柳开的鼓动下，决定率军亲征。宋军浩浩荡荡奔向大名府（今河北大名），契丹军却已经纵掠淄、齐两地，扬长而去。

真宗以为是自己的威严吓退了辽军，便以胜利者姿态班师回京。途中又闻四川益州王均作乱。随即任命户部使、工部侍郎雷有终为知益州，兼提举川、峡两路军马，统帅步骑8000人前往讨伐，很快平息了叛乱。

咸平四年（1001）冬，辽圣宗率军卷土重来，辽宋战于长城

---

① 即杨延昭，杨业之子，契丹人呼为杨六郎。

口。宋将王显奏率军与辽军激战，杀辽军两万多人，生擒辽将铁林。

此后，宋真宗加强边境防范。咸平四年（1001）十二月，真宗下令在陕西军城四面建立屯田务，开垦田地500顷。在军城近北至木峡口、军城前后各置堡寨，兵士在无寇时耕地，寇来则战，从而将戍边与耕种结合起来，减轻了供需输送负担。不久，朝廷又令静戎军（今河北徐水）在军城东新河之北开方田，将田地分成方块，围以深沟，整体如锁链横贯东西，既有利于耕作，又可以防御辽国骑兵南侵。

咸平五年（1002）七月，宋真宗命刘承规在环（今甘肃环县）、庆（今甘肃庆阳）等州的厢军中选拔勇士4500人，分派到城寨，替换禁旅归帅臣统辖。

与此同时，宋朝还提高部队装备。九月，冀州团练使石普称已经能制造火箭、火球，并在皇宫中做了示范表演。其实早在太祖开宝年间（968—976），宋军已经开始使用火药制造的武器。真宗时，宋军已较普遍地进行火药武器的实验和制作。咸平三年（1000）九月，神卫水军队长唐福就献上火箭、火球、火蒺藜等火器。

在宋真宗加强防守之际，辽朝也加快了攻宋的步伐。

咸平五年（1002）夏天，辽朝出兵泰州攻打宋军。第二年五月，辽将再犯宋朝定州，并擒获宋云州观察使王继忠。

辽朝不断犯宋，李继迁也没闲着。自从得了西夏五州之后，李继迁又开始西进，扩大自己的地盘。咸平五年（1002）三月，李继迁在辽朝的支持下，轻易攻克灵州城，就此打开了党项西进的大门。十月，又攻下吐蕃控制的西凉府（今甘肃武威），改名凉州。十一月，志得意满的李继迁在出兵的路上，遭遇吐蕃伏兵，中箭逃回。第二年年初故去，其子李德明继承定难军节度使。

不过，宋真宗已经无暇顾及李氏问题，因为辽朝不依不饶的进攻，迫使宋朝不得不全力应对。

边城寒早。恣骄虏、远牧甘泉丰草。铁马嘶风，毡裘凌雪，坐使一方云扰。庙堂折冲无策，欲幸坤维江表。叱群议，赖寇公力挽，亲行天讨。

缥缈。銮辂动，霓旌龙旆，遥指澶渊道。日照金戈，云随黄伞，径渡大河清晓。六军万姓呼舞，箭发狄酋难保。虏情詟，誓书来，从此年年修好。

——〔宋〕李纲《喜迁莺·真宗幸澶渊》

澶渊之盟

景德元年（1004 年）六月，宰相李沆去世。真宗提拔兵部侍郎毕士安为吏部侍郎、参知政事，接任相位。在毕士安的推荐下，八月，真宗任命三司使、兵部侍郎寇准为集贤殿大学士、拜同中书门下平章事（宰相），名列毕士安之后。其实，真宗熟知寇准的才干，但是不喜欢他的耿直个性，因而迟迟未重用。面对强大的边患压力，真宗不得不在用人问题上趋于理性。

此时，辽朝在经过几次试探性进攻之后，开始酝酿一场大规模的攻宋行动。

景德元年（1004 年）闰九月，在萧太后和辽圣宗的统率下，辽国发兵 20 万，声势浩大地迈出南下攻宋的步伐，宋朝威虏军

（河北徐水）和顺安军（河北高阳）相继溃败。十月，辽军进攻保州（今河北保定）等地，遭遇到宋军的有力还击。接着辽军又进抵瀛州（今河北河间）城下，昼夜攻城，萧太后、辽圣宗亲自击鼓助战，兵士阵亡3万余人，仍未攻取。但是，辽军萧挞凛攻下了祁州（今河北安国）。十一月，辽将耶律课里在洺州（今河北邯郸永年区东）击败宋军，萧观音奴等攻下德清军（今河南清丰）。

随后，辽军避实击虚，绕过宋军坚守的城池，直抵黄河北岸的澶州（今河南濮阳）城北，正面威胁都城开封，令宋朝廷措手不及。

早在九月中旬，宋朝廷在接到辽军南侵的边报时，朝臣们就人心惶惶，有些重臣公然主张不战而逃，朝野上下畏辽心理表现得淋漓尽致。参知政事（副宰相）王钦若是江南人，建议宋真宗放弃开封，逃往金陵（今南京市）避难；签署枢密院事陈尧叟是四川人，主张真宗逃往成都避难。只有宰相寇准等少数人主张出兵抗击辽军，并要求宋真宗亲临前线，以振士气。寇准还对宋真宗说："主张迁都的人，应该斩首！"

宋军告急的边报一日数次、不断送达京师，宰相寇准平静如常，并有意将告急的文书扣押下来，不让宋真宗知道，积攒到相当数量，才一次呈递给宋真宗。宋真宗一见如此多的急报，便没了主意，忙问该怎么办？寇准趁势建议宋真宗立即御驾亲征，宰相毕士安也同意马上动身。

与两位先皇不同，宋真宗成长于深宫的妇人和宦官之手，完全没有征战沙场的经历，对战争却有着本能的畏惧。鉴于此前宋太宗高梁河战役的惨败教训，宋真宗更加畏辽如虎，极其不想亲征。怎奈国难当前，一国之主不便拒绝，真宗也只能勉强表示同意。

景德元年十一月二十日，宋真宗的车驾从开封出发，由李继隆和石保吉担任驾前排阵使。出发前，宋真宗任命雍王赵元份（宋太宗第四子，宋真宗之弟）为东京留守。寇准不希望王钦若留在真宗身边，怕他再怂恿真宗出逃，所以建议真宗调派王钦若镇守大名（今河北大名东）。但是，宋真宗的车驾行至中途时，传来东京留守雍王赵元份暴死的消息，随后指派参知政事王旦回去负责留守东京。

数天之后，澶州在望，军中又有人动摇。宋朝内部“妥协”与“主战”两派的斗争十分尖锐，大多数人内心仍然惶恐不安。真宗一行到达韦城（今河南滑县东南）时，主和的大臣又重弹迁都金陵避难的老调，扰得真宗再次动摇。寇准坚决反对称：“今敌骑迫近，四方危心。陛下只可进尺，不可退寸。若回辇数步，则万众瓦解。到时辽军必将趁势来攻，要去金陵也不可得!”手握兵权的殿前都指挥使高琼也支持寇准的意见，说：“禁军将士多为北人，如果他们不愿南下金陵，恐怕就要出大乱子了。”宋真宗不得已，只好硬着头皮继续北行。

澶州，因湖泊而得名。宋朝时期，黄河还未改道，流经澶州，河道将澶州城一分为二、分为南城和北城。南城大北城小，而且南城比北城安全，但是，宋军主力都布防在北城。

宋真宗的车驾到达澶州时，辽朝大军已经抵达北城附近，宋真宗心中胆怯，只想驻扎在南城，不想过河。多数随军的文臣士大夫见辽军声势浩大，也早就胆战心惊，更是不愿向北城靠拢一步。寇准认为，将士们正在澶州北城浴血奋战，皇帝亲临，会极大地鼓舞士气，于是力请宋真宗赴北城巡视。武将高琼也说："陛下如不过河，河北百姓如丧考妣。"一旁的枢密院事冯拯斥责高琼对宋真宗鲁莽无礼，高琼激愤地驳斥道："你冯拯是以文章升为两府大臣，今天敌骑当前，还责备我无礼。你有本事，何不赋诗一首咏退敌人呢?"说完就命令兵士把宋真宗的车驾转向北城行进，迫使宋真宗渡过黄河。

大敌当前，真宗亲临前线，确实鼓动了宋军的士气。尽管宋真宗心惊胆寒，但是当他登上城门楼时，大宋皇帝的黄龙旗一出现，宋军皆呼万岁，气势倍增。

巡视后，宋真宗回到南城行宫，宰相寇准留在北城，全权决断军事事务。尔后，宋真宗数次派人前往北城探视寇准的举动。发现寇准与知制诰杨亿在北城城楼上不是喝酒就是下棋，完全没有临阵之前的紧张气氛。宋真宗见他们如此轻松，也就放下心来，不再恐慌。其实，寇准泰然自若的表现，就是做给真宗看的，为了让他安心。

辽宋两军在澶州相持。辽军先锋大将萧挞凛自恃骁勇，以轻骑临阵视察地形。此前，宋将李继隆已经伏设强弩，控制各处要害。萧挞凛一出现，就被宋军的床子弩[1]击中前额而死。萧挞凛是辽朝的一位智勇双全的干将，他的死令辽军气势受挫，加之辽军孤军深入中原腹地已久，供给困难，处境不利。萧太后审时度势，下令暂缓攻城，谋求议和，希望在谈判桌上取得战场上未能获得的胜利。

宋军方面，由于宋真宗御驾亲征，士气高涨，汇集到澶州附近的军民也越来越多，有几十万之众。局势明显对宋军有利，尽管如此，宋真宗还是没有抗敌的决心。

实际上，萧太后早在南侵之初就做好了且战且议和的两手准备。一面进攻宋朝，一面通过宋朝降将王继忠不断地向宋朝廷传递议和的信息。辽朝议和的意愿正合宋真宗的心思，只是寇准反对议和，战事又在进行，让他犹豫不定。

寇准仍然坚决反对议和，坚持乘势出兵的主张，力求收复失地。宋军将领宁边军都部署杨延昭也坚决主战，并上疏提出乘辽兵北撤，扼其退路而袭击之，夺取幽燕数州。

但是，宋真宗铁了心要求和，声称“生灵重困，姑听其和”。并派出了使臣曹利用前往辽军大营，与萧太后议和。朝臣们见宋真宗倾心议和，妥协派的气焰更为嚣张，甚至联合起来攻击寇准拥兵自重。寇准无奈，只得同意议和。

---

① 床子弩即为弩炮。一架弩炮往往联装两张弓或三张弓，利用多弓的合力发射箭矢，劲力远胜于单弓。使用床弩的士兵称为“床子弩手”。

辽军提出的议和条件是，宋朝需归还后周世宗北伐攻取的瓦桥关南之地。而宋朝只求辽国退兵，愿意以金帛代地，若要坚持求地，则决战到底。

曹利用出行前曾问宋真宗，到底能给辽多少银绢？真宗说："必不得已，百万也可。"寇准知道后，私下对曹利用说："虽然有圣上的旨意，但是如超过30万，我就砍你的脑袋！"

双方经过多次讨价还价后，萧太后十分懂得见好就收，最终达成如下和议条款：

一、宋方每年给辽朝银10万两，绢20万匹，至雄州交割。

二、辽宋为兄弟之国，宋真宗尊萧太后为叔母，辽圣宗年幼，称宋真宗为兄。

三、双方各守疆界，互不相侵，双方不得收留对方的逃亡人员。

四、双方不得构筑针对对方的军事设施。

这就是历史上著名的"澶渊之盟"。

此后，宋真宗委任何成矩、李允则、杨延郎等勇将分驻北疆沿边重镇。边界军事冲突趋于平息。景德二年（1005）正月，宋朝廷将先前召集戍边的丁壮遣散回乡务农，同时，组织购置耕牛发送河北，并在缺乏耕畜的淮、楚地区推行踏犁[①]，促进和恢复农业生产，使人民生活逐渐安定。

---

① 踏犁是一种人力翻土工具，类似今天的铁锹。

“澶渊之盟”后，宋、辽双方恢复了置场互市的局面。此后的120年间，辽、宋长期保持友好往来，边境地区的经济、文化交流得到加强，双方不曾兵戎相见。

但是，对宋朝而言，“澶渊之盟”无疑是一个屈辱的城下之盟，也是宋王朝软弱无能的体现，首开“岁币”之滥觞，加重了宋朝的财政负担。后来，党项的新继承人李德明也效法辽朝，提出议和，景德三年（1006）双方也达成了和议，雷同澶渊之盟。在以后对金朝的交涉中，这已成为宋朝廷惯用的妥协方式。

一个积贫积弱的宋朝，在此时已经端倪毕现。

铺眉苫眼早三公，裸袖揎拳享万钟，胡言乱语成时用。大纲来都是哄。说英雄谁是英雄？五眼鸡岐山鸣凤，两头蛇南阳卧龙，三脚猫渭水飞熊！

——〔元〕张鸣善《水仙子》

荒唐闹剧

签订了“澶渊之盟”，宋真宗终于松了一口气，庆幸自己“亲征”的勇气和“花钱消灾”的英明决策。对力主亲征的寇准，宋真宗心存感激，敬重有加，言听计从，寇准的自我感觉也是非常好。但是，此前主张逃向金陵避难的王钦若却心生妒忌和不满。

王钦若身材瘦小，脖子上长有一肉瘤，时人戏称为“瘿相”。此人“智数过人”，聪明有才华，但是为人“奸邪险伪”，善揣圣意，投机取巧，很受真宗的赏识。宋真宗班师回京后，召回镇守大名的王钦若，以守土有功，特加赏赐。

一天，宋真宗目送寇准退朝。王钦若在一旁问道：“陛下敬重寇准，是因为他对社稷有功吗？”

宋真宗点头称是。王钦若又说：“澶渊之役，陛下不以为耻，反以为是寇准的功劳，臣实在不解。”

宋真宗愕然，忙问其故。王钦若答道：“城下之盟，春秋时期的小国都感到羞耻，陛下现以万乘之主而为城下之盟，还有比这更可耻的吗?”

见宋真宗面色不悦，王钦若又进一步说:“澶州之役，可以这样比喻，那就是赌博。陛下当时就是寇准的孤注，他是用您的性命来做最后一搏!”

王钦若的这番话，让宋真宗顿觉五雷轰顶、颜面尽扫，对寇准的敬意和眷宠也立刻降温。此后，宋真宗对寇准的态度越来越冷淡。

寇准自任相以来，做事有板有眼，不够灵活，用人也不按官位次序，招来了同僚的不满，再加上澶渊之盟后时不时露出居功自得的样子，令宋真宗也对他看越不顺眼。

景德三年（1006）春，寇准被罢相，贬往陕州做知州，任命王旦（957—1017）为宰相。

王钦若的话始终令宋真宗耿耿于怀，而且越想越窝火。于是又找来王钦若，问他有什么办法可以洗雪耻辱。

王钦若知道宋真宗无心打仗，所以故意对他说:“攻取幽燕，便可雪洗耻辱。”

宋真宗本来就畏惧契丹，一听这话，马上说不想让百姓再受战争之苦，问他可有别的良策。

王钦若这才把酝酿已久的计划全盘托出说:“陛下，只有封禅①才能镇抚四海。自古以来，一般都是先有祥瑞之事，或是建

---

① 封禅指古代帝王祭祀天地的大典。

立了很大的功勋，帝王才有封禅之举。”

王钦若见宋真宗有些心动，又继续说服道：“天降祥瑞，原本不易。前代帝王都不过是以人工制造祥瑞罢了。虽然是人力所造，但只要皇帝您相信，这就与真的无异。”

就这样，在王钦若的诱导之下，宋真宗心理失衡了，决心通过封禅大典来炫耀国威，由此将宋朝的政治引上了歧途。

不过，宋真宗又担心宰相王旦不同意。王钦若说：“我来转达您的圣意，他不会反对。”

果然，王旦听王钦若传来“圣意”之后，虽然明知不妥，却选择了明哲保身的态度，屈意顺从。但是，这件事儿也成了王旦的一块心病。后来临终前，王旦总结自己的一生，认为自己最失败的事情就是没有阻止宋真宗的这个决定。

然而，宋真宗对王旦的顺从甚是满意。一日，派人召宰相王旦入宫，君臣欢宴一番。临别时，宋真宗赐酒一壶，嘱咐他回家与妻儿老小一起享用。王旦归府一看，壶里是满满的大粒珍珠，于是明白，这是宋真宗让他在天书和封禅问题上配合。

景德四年（1007），“澶渊之盟”过去三年了。这三年来，宋朝的社会经济有了显著的提高。

宋真宗本人非常重视农业的发展。景德二年（1005），朝廷颁布《景德农业敕》，强调农业发展的重要性。同年，朝廷下令在缺乏耕畜的地区推广使用农业工具踏犁，类似今天的铁锨。为了提高朝廷官员对农业的重视程度，景德四年（1007），丁谓上奏建议

“诸州长吏职当劝农，乃请少卿监刺史阁门使已上知州者，并兼管内劝农使，余及通判并兼劝农事”，宋真宗采纳了这一建议，诏令地方各级官员官衔内加入“劝农使”或“劝农”等字样，要求他们鼓励百姓务农，发展农业生产。

同时，朝廷引进新作物品种，提高粮食产量。大中祥符元年（1008），福建首次引种越南著名的占城[①]稻。大中祥符五年（1012）江淮两浙大旱，水田无粮可产，宋真宗又遣使从占城引进耐旱、早熟占城稻种 3 万石，分给江淮、两浙推广种植。

随着人口的快速增长，城市规模也不断扩大，并向四周近郊地区扩展。在宋代以前，城市行政管理实行的是以维护社会治安为主的坊市制度。“坊”为居民区，“市”为商业区，坊市分区而设，筑有围墙实行分隔封闭管理。到了宋朝，随着商业环境日渐宽松，临街的商家也越来越多，街边也摆满了各种做小生意的流动摊位，居民区与商铺的距离也越来越近。为了不阻碍商业发展同时更好地提高城市管理水平，宋朝廷在构筑新城墙时，将近郊之地纳入城内，把郊区改为城区，同时，打破“坊”和“市”界限，拆除围墙，增设厢级组织，将城外视同城区一同管理，进而形成以“厢”统“坊”新的城市制度，即厢坊制。同年，朝廷下令在开封四周的“罗城”[②]

① 越南的占城古国，位于今越南中部，占城属国包括旧州、乌丽、日丽、乌马、拔弄等 15 国。

② 罗城即外城。

内设厢级组织，并划入开封府直辖区内。后来，开封周围又出现了赤仓、陈桥、郭桥、八角、张二等镇，并设有税务机构。

也许这是国库充盈、世间繁荣景象带来的自信，宋真宗更执着于他的封禅壮举之中。大中祥符元年（1008）正月初三，宋真宗向王旦、王钦若等群臣讲了一个故事。说他去年十一月二十七日的半夜，见到一位神人，神人告诉他下个月应在正殿做一个月道场，届时会降天书《大中祥符》3卷。所以，十二月初一，他开始疏食斋戒，在朝元殿建了道场，至今已经一个月了。

宋真宗正说着，忽然皇城司上报说，有天书悬挂在承天门上。

如此这般，一场煞有介事的荒唐闹剧就此拉开帷幕。

第二天，宋真宗在崇政殿接受百官的祝贺，遣官祭告天地宗庙社稷，大赦天下，并将当年改元为“大中祥符元年”。“大中”即天书中强调的万事适中的意思，“祥符”就是“天瑞”。接着给官员普加薪俸，京城放国定假五天。

三月，宋真宗命朝臣讨论封禅事。四月，皇宫内又发现了第二份天书，内容与前一份相同。为了配合真宗的喜好，宰相王旦先后五次率领文武百官、诸军将校乃至蕃夷（少数民族代表）、僧道（宗教界代表）、耆寿（德高望重的老年人）等数万人，上表请求真宗封禅。

考虑到经费的问题，宋真宗征询三司使丁谓的意见，答复是：大计有余。宋真宗一听就放心了，决定放手干一把，于是，朝廷上下都投入到了紧张的筹备大典工作当中，因为宋真宗下诏十月要前往泰山举行封禅大典。

在此期间，各地不断传来出现“祥瑞”的消息，时而某地长出巨大的灵芝，时而某处有仙鹤飞翔，一时间，天下争言祥瑞，竞相邀宠，全国陷入一场迷信大骗局之中。

十月初四，宋真宗的封禅队伍以天书为前导，浩浩荡荡历经17天，抵达泰山脚下，随后登山举行烦琐的封禅礼。十一月，封禅队伍又到达曲阜，拜谒孔庙，赐钱300万。此次封禅共耗费830余万贯。

这一切才只是刚刚开始。后来，宋真宗亲率的封禅队伍又耗资20万贯前往汾阴（今山西万荣西南）祭地神后土。接着又去华山山麓的华阴祭祀西岳庙，到巩县（今河南巩义）谒祭祖宗三陵（太祖之父赵弘殷的永安陵、太祖永昌陵和太宗永熙陵）。每次祭祀都要举行烦琐的礼仪，赏赐群臣，加官晋俸，大赦天下。宋真宗大行赏赐，举国狂欢。

在这场闹剧中，宋真宗赵恒是自导自演的主角，而总策划人则是王钦若，在他身后的还有户部侍郎、参知政事丁谓，三司使林特，经度制置副使陈彭年和内侍刘承珪等人，这五人互相勾结，行踪诡秘，时人号为“五鬼”。

在“五鬼”的怂恿下，宋真宗的“演出”愈演愈离谱。

大中祥符五年（1012）十月二十四日，宋真宗又声称神人托梦，传达了玉皇之命说：“令先祖赵玄郎授你天书。”于是，命天下为先祖避讳。名将“杨六郎”原名杨延朗，因此也改名为杨延昭。

接着，宋真宗为先祖封尊号为“圣祖上灵高道九天司命保生天尊大帝”，并为其配了一位“元天大圣后”的圣母。为了把崇道活动搞得场面壮观，朝廷下令，从大中祥符元年开始在京城和全国大兴土木，营建道观。其中最大的玉清昭应宫，原计划 15 年完工，但是在修宫使丁谓的督促下，提前 8 年竣工。同时，在京师和地方也大肆兴建官办道观，仅天庆观就达 1000 多所，朝廷还任命官员去管理这些道观。

大中祥符五年（1012），宋真宗命王钦若、曹谷和张君房整理新道藏。四年后，新道藏修成，命名为《宝文统录》。天禧三年（1019），宋真宗命人增补道藏，并重新命名为《大宋天宫宝藏》[①]。为了说服反对的朝臣，宋真宗还著述《解疑论》以示群臣，可见其专注度。

然而，现实却不见祥瑞只有灾害。大中祥符九年（1016）六月，京畿、京东、京西、河北路蝗虫泛滥，弥漫郊野，吃光了田里的庄稼。七月，蝗群过京城，连云障日，飞至江南、淮南，趋河东，进入霜天季节，虫灾才绝迹。天禧元年（1017）五月，京畿、京东、陕西、江、淮、两浙、荆湖等路 36 州的蝗灾再度卷土重来。

---

① 《大宋天宫宝藏》，中国道教史重要道藏之一，在道教史上有着重要的地位。

天门中断楚江开，碧水东流至此回。

两岸青山相对出，孤帆一片日边来。

——〔唐〕李白《望天门山》

“灰姑娘”刘皇后

宋真宗执政后期，醉心于宗教信仰活动，朝政无论大小都交由宰相王旦处理。王旦谦恭周谨，颇有识略，善于决断大事，宋真宗对他非常倚重。

天禧元年（1017）七月，王旦因病屡次请求辞相，宋真宗不得已只能答应。九月，王旦病逝，临终前对儿子说：“我别无过，惟不谏天书一节，为过莫赎。”

王旦退休后，宋真宗任命王钦若为左仆射、平章事。实际上，宋真宗早就想让王钦若当宰相，只因王旦曾反对说：“臣见祖宗朝未尝使南人当国，虽古称立贤无方，然必贤士方可。”因此，王旦不退位，王钦若就不能当宰相。王钦若为相后，曾恨恨地说：“为王旦一句话，迟我十年做宰相!”

王钦若当了宰相之后，处心积虑地排除异己，惹得宋真宗对他心生反感。九月，宋真宗任命王钦若的政敌马知节为知枢密院事，借以牵制王钦若。但是，由于王钦若的排挤，马知节只做了

8 个月的知枢密院事，便借口生病自请辞官。

不久，有人检举王钦若贪污受贿，王钦若极力辩解，宋真宗很是不悦，斥责他说："国家置御史台，固为人辨虚实邪?"天禧三年（1019），王钦若又与一个私藏禁书的道士发生牵连，六月，被罢相。

取而代之的是寇准。宋真宗再次起用寇准，与王旦辞职前的力荐有关。任命寇准为宰相的同时，宋真宗提拔丁谓做参知政事。丁谓很有才华，琴棋书画无一不精，只是为人奸诈。寇准与丁谓一向不合，与枢密副使曹利用的关系也很不好，于是丁、曹二人合谋排斥寇准。

天禧四年（1020），宋真宗患风疾，病情时好时坏，连说话也很艰难，刘皇后开始干预朝政。此前，天禧二年（1018）八月，宋真宗已经册立皇子赵受益为太子，改名祯。

刘皇后是宋真宗的第三任皇后，也是一位传奇式的历史人物，堪称典型的中国版"灰姑娘"。

刘皇后名叫刘娥，益州华阳（今四川成都）人，出身微贱，自小父母双亡。十几岁时，嫁给当地一个名叫龚美的银匠。龚美走街串巷为人打造银器，刘娥摇鼗鼓①招揽顾客。宋太宗雍熙初年，龚美夫妇俩一路做生意，漂泊到京城。京城里生意难做，龚

---

① 鼗鼓是一种两旁缀灵活小耳的小鼓，有柄，执柄摇动时，两耳双面击鼓作响，俗称"拨浪鼓"。

美在朝不保夕的日子里，决定把刘娥改嫁他人[①]。

当时，宋真宗赵恒的身份是襄王，尚未被立为太子，也还没有娶妻。襄王赵恒年少好奇，听说蜀中女子才貌双全，所以一心想找个川妹子做侍妾。机缘巧合，在襄王府管事张耆的介绍下，刘娥被卖入襄王府做妾。时年 15 岁的刘娥娇小玲珑，美貌秀媚，深得襄王赵恒的宠爱。

宋太宗得知此事后，非常不满，即令将刘娥逐出王府。赵恒不舍得，就把她送到张耆家中躲避。十多年后，宋真宗赵恒即位，马上把刘娥迎入宫中，封为美人，后又升为德妃，最后封为皇后。

官修正史《宋史·后妃传》记述说："刘皇后，其先家太原，后徙益州，祖（刘）延庆，在（后）晋、（后）汉为右骁卫大将军。"其实，这都是刘娥得势后为了掩饰自己的低微出身而编造出来的。因为她出身低微，大中祥符五年（1012）宋真宗打算立她为皇后时，曾遭到大臣们的激烈反对，但是，真爱至上的宋真宗还是力排众议立她做了皇后，当时刘娥已经 43 岁。

刘皇后本是个孤儿，基本上没有亲属。为了巩固地位，建立自己的势力，刘娥便尽力拉拢朝中的刘姓高官。对其前夫银匠龚美也以兄妹相称，改姓刘氏。

刘娥虽然受到真宗的宠爱，却没给宋真宗生下一儿半女。不

---

① 宋代妇女改嫁现象十分普遍，妇女改嫁主要是出于经济等现实因素，社会对妇女改嫁也持开明态度。

过，宋真宗在常来常往中，对刘娥宫里的侍女李氏也宠幸有加。大中祥符三年（1010）李氏产下一子，取名赵受益。此前，宋真宗的五个儿子都陆续夭折了，赵受益的降生让43岁的真宗喜出望外，十分疼爱。

当时刘娥年近四旬，还不是皇后，知道自己不会再生出孩子，便将李氏的儿子占为己有，与另一位嫔妃杨氏共同抚养，并且严禁宫人泄露孩子的身世。宋真宗宠爱刘娥，也就默许她抱养李氏之子。

刘皇后不仅美貌出众，而且聪慧有才干，升任皇后之后，把后宫事务处理得井井有条，在朝政方面也能帮助宋真宗分忧解难、出谋划策。

据说，在张耆家生活的十几年里，刘娥从未虚度光阴，而是博览群书，遍读经史，研习琴棋书画。再经过十几年的皇宫历练，刘皇后不仅知书达礼，对国家大事也颇有见地。

有时，宋真宗就朝中之事询问她，刘皇后都能引据故实，妥善应答，其政治才干，颇受宋真宗倚重。天禧四年（1020）宋真宗病重期间，朝政多由刘皇后决断。为此，大臣寇准、李迪深以为忧。

病重的宋真宗对刘皇后当权也有顾忌，便与贴身宦官周怀政密议安排太子监国。周怀政将此事转告了寇准。于是，寇准秘密面见宋真宗，奏请让太子监国，并请求罢免向来迎合刘皇后的丁谓和知制诰钱惟演①，宋真宗同意了。

---

① 吴越王钱俶之子，马步军都虞候刘美（刘皇后的前夫，银匠龚美）的大舅子。

寇准随即密令翰林学士杨亿拟诏书。杨亿深知此事关系重大，因此起草诏书时，连身边的服侍人员都不让靠近。谁知寇准贪杯，一次酒后失言，将此事泄密，丁谓得到了消息，很快与钱惟演、刘皇后联手，秘密策划将寇准赶出朝廷。

不久，丁谓与曹利用面见宋真宗，极力诋毁寇准。这时的宋真宗已经忘记了与寇准的约定，同年六月，寇准被罢相。

然而，风云突变，七月，宦官周怀政又联合其弟礼宾副使周怀信、客省使杨崇勋、内殿承制杨怀吉和阁门祗侯杨怀玉等人策划政变，密谋杀掉丁谓，以寇准为相，尊真宗为太上皇，罢黜刘皇后，传位太子。

政变前夕，有人向丁谓告密，丁谓与枢密使曹利用连夜行动，抓捕周怀政等人，粉碎了这次政变。宋真宗盛怒，下诏斩杀周怀政，受此事牵连的寇准也被一贬再贬，降为道州司马。

随后，宋真宗病情有了好转，对朝中人事做了调整。

七月，参知政事李迪升为首相，丁谓与冯拯也由枢密使升为至相位，与李迪同相。八月，以任中正、王曾并参知政事，钱惟演为枢密副使。九月，兵部员外郎、知制诰吕夷简[1]升为刑部郎中，权知开封府。十一月，重新提拔王钦若为太子太保、资政殿大学士，每天赴资善堂侍候皇太子讲读。

自从排挤了寇准之后，丁谓擅权用事，任命官员时也不与李

---

① 吕夷简，吕蒙正之子。

迪商量，李迪曾愤然斥责丁谓。朝臣的争斗让宋真宗恼火，把两人同时降职一级、罢相，丁谓知河南府，李迪知郓州。

钱惟演见丁谓被罢，恐失后援，在宋真宗面前为丁谓说好话。丁谓伙同宦官矫诏“有旨复平章事”，回到中书视事，自行恢复相位，而李迪仍然出知郓州。

不久，宋真宗下诏：“除军国大事仍旧亲决，余皆委皇太子，与宰臣、枢密使已下就资善堂参议行之。”此后，太子在资善堂临政，当时太子赵祯只有12岁，所以实际上还是刘皇后裁决于内，丁谓擅权于外。

对于这种局面，参知政事王曾很明白事理，对钱惟演说：“太子幼，非中宫不能立，中宫不倚太子，则人心亦不附。后若加恩太子则太子安，太子安则刘氏安矣。”钱惟演转达了王曾的话，刘皇后听罢深知其中利害，之后行事谨慎，对丁谓也保持一定的警惕性。

但是，丁谓却依然故我。十二月，丁谓感觉再次入朝的王钦若威胁了自己的权威，于是找机会贬王钦若为山南东道节度使、同平章事，判河南府。次年十一月，再降王钦若为司农卿，分司南京。

乾兴元年（1022）二月，宋真宗加封丁谓为晋国公，冯拯为魏国公，曹利用为韩国公。不久，宋真宗旧病复发，下诏命太子即位，尊皇后为皇太后、杨淑妃为太妃。二月二十二日，宋真宗死于延庆殿，终年55岁。

水旱频仍不是灾，

力扶幼主坐灵台。

朝中又见钗光照，

宇内承平气象开。

——《推背图全集》（金圣叹批注本）第十八象[①]

刘太后垂帘听政

宋真宗去世前留下遗诏要求：尊刘皇后为皇太后，军国大事均由皇太后处分。随后，宋王朝进入长达 11 年的刘太后垂帘听政时代。

乾兴元年（1022）二月，13 岁的太子赵祯在宋真宗柩前即位，是为宋仁宗。次年，改元“天圣”。“天圣”拆字即为“二人圣”，意指宋仁宗与刘太后两位圣人。

宋真宗临终前，曾留言说：寇准、李迪可托。但是，丁谓和刘太后都怨恨这两个人，将寇准贬为雷州司户参军，李迪为衡州团练副使，罪名是寇准与周怀政交通，李迪朋党附会。

① 第十八象谶曰：天下之母，金刀伏兔，三八之年，治安巩固。金圣叹注：此象主仁宗嗣立，刘太后垂帘听政。旁有一犬，其惟狄青乎。

天圣元年（1023），寇准在忧愤中病逝，终年 62 岁。宰相王曾质疑对寇准的贬罚过重，丁谓则说："居停主人恐亦未免耳。"[①] 王曾听罢也不再与其争论。

刘太后垂帘听政开宋朝首例。按照宋制，皇帝每天都要驾临垂拱殿，还要在文德殿正衙接见文武百官，称为"常参"；五天一次在崇德殿或者垂拱殿接见群臣，称为"起居"。只是太后临朝，无章可循，不知应该如何安排。丁谓暗通宦官雷允恭，密请太后直接下诏书："新帝每月朔望群臣两次。大事由太后召对，辅臣决之；日常军政则由雷允恭代传奏禁中，太后圈定以后颁下执行。"

这样一来，皇帝和皇太后不相联系，权柄都被宦官雷允恭把握。王曾向丁谓指出："两宫异处而柄归宦官，是祸乱先兆！"但是，丁谓权倾朝野，根本没把王曾放在眼里，雷允恭则恃势专恣。

丁谓与雷允恭内外勾结。刘太后都看在眼里，她也明白，丁谓要她下的诏书有架空自己的意思，心中的不满只待时机发泄。

乾兴元年（1022）六月。朝廷为真宗赶修陵寝，丁谓任山陵使，雷允恭为都监。雷允恭未经刘太后首肯，便擅自移动了真宗陵寝地穴，正巧所移的方位是个泉眼，导致泉水上冒。王曾发现后，奏明太后：丁、雷二人"包藏祸心，欲置皇堂于绝地"。刘太后借机一石二鸟，诛杀雷允恭，罢免丁谓。

七月，王曾加封为中书侍郎、平章事，吕夷简为给事中，鲁

---

① 王曾借府第给寇准居住，故丁谓有此语。

宗道为右谏议大夫，并参知政事。枢密副使钱惟演为枢密使。

八月，刘太后与宋仁宗共同坐殿，垂帘听政。九月，依据王曾、吕夷简等人的建议，刘太后把天书随同真宗一起从葬永定陵，并下令全国禁止再兴建道观，废除道观使，就此遏制弥漫朝野的信仰狂潮。

为了稳固地位，刘太后将仁宗的生母李氏派去为真宗守陵。同时也为了安抚李氏，刘太后派人在民间寻访到李氏失散多年的兄弟李用和，加封三班奉职，累迁至右侍禁、阁门祗侯、权提点在京仓草场、考城县兵马都监。

接着，刘太后以感谢朝臣的名义，令大臣们将各自的子孙亲属的姓名呈报上来，制成图表，每逢大臣推荐官员的时候，她都要先核对图表，只有榜上无名者才能得到升迁的机会，以此防止朝臣结党营私。

刘太后是一位干练的女政治家，每临朝听政之时，“内外肃然，纪纲具举，朝政无大阙失”。听政的第一年，刘太后对货币制度进行了改革。

宋初，川蜀地区的老百姓因铁钱沉重不便携带而私下造券，称为“交子”。天圣元年（1023）十一月，宋朝廷把益州（今四川成都）作为试点，设置交子务，每年发行 125 万“交子”，促进货币流通。这是世界上最早的纸币，也是我国历史上首次政府发行的纸币。

刘太后还大力加强水利建设。宋朝建立后，黄河灾患频繁，天禧三年（1019），黄河在滑州（今河南滑县）决口，汇注于梁山泺[①]，经南清河入淮，受灾县多达32个。

天圣元年（1023）四月，刘太后任命祠部郎中孙冲为都大巡河，张君平为签书滑州事，负责堵塞滑州决堤的黄河河道。天圣五年（1027）七月，又任命彭睿为修河都部署，宦官岑保正为钤辖，宦官阎文应、水利专家张君平为修河都监，率领38000名壮丁、21000名士兵，堵塞滑州黄河决口，宋朝廷出资50万贯购买所需物资。九月，工程顺利完成，被堵塞的滑州黄河决口堤坝被命名为天台埽（今河南滑县西）。

此外，由于对南京（今河南商丘）、陈（今河南周口淮阳区）、许（今河南许昌）、徐（今江苏徐州）、宿（今安徽宿州）、亳（今安徽亳州市）、曹（今山东菏泽）、蔡（今河南汝南）、颍（今安徽阜阳）等州也有古代遗留下来的大量水利工程问题，而诸州又与开封府（今河南开封）相通，导致京城几度遭受水患。天圣二年（1024）三月，刘太后采纳开封府县镇公事张君平的建议，疏浚了这些水利工程。

宋朝还修建了长达180里的泰州捍海堰，确保当地人恢复生产，使2000余户流亡的百姓重返家园。而修建可灌田千顷的舒州吴塘堰，更是对推动农业生产发挥了重要的作用。

天圣三年（1025）六月，西部边境西羌部落发生骚乱。刘太

① 即梁山泊，地处黄河下游、汶水和济水汇聚地，古称泽国。

后一面出兵镇压，一面派出范雍为体量安抚使、曹仪为副使，尽力平息事态。其间，羌人部落抵挡不住宋军的攻势，曾向西夏赵德明（即李德明）救援。慑于宋朝的军威，赵德明不仅按兵不动，还向宋朝请和。西羌之乱顺利平息。

同时，宋朝继续加强与西夏的联系，在陕西地区设置了两个榷场，以便双方进行贸易活动。天圣四年（1026）二月，应赵德明之请求，宋朝政府又在并州（今山西永济）、代州（今山西代县）设置榷场，增进双方之间的贸易往来。

刘太后听政时期，宋朝的科举制度也有了进一步的完善。首先，朝廷仍然继续扩大取士名额，严密考试制度。其次，天圣七年（1029）闰二月，为了考试京官，针对这一群体朝廷恢复了制举六科，包括贤良方正、能直言极谏科，博通文典、明于教化科，才识兼茂、明于体用科，详明吏理、可使从政科，识洞韬略、动筹决胜科，军谋宏远、材任边寄科。另设书判拔萃科，以挑选优秀人才。同时也面向布衣平民增设了高蹈邱园科、沉沦草泽科、茂材异等科等，后来的宰相富弼就是通过茂材异等科人才选择计划步入仕途的。同年，刘太后一反宋朝“重文抑武”之策，仿效唐朝武则天开设武举考试。与唐朝武举只重技勇不同，宋朝武举还增加了军事理论考试科目，武举子们不仅需要拥有高超的武艺，还需要广读兵书懂兵法。

随着科举制度的逐步完善，刘太后还鼓励各地举办学校。这期间，应天府（今河南商丘睢阳区）、兖州（今山东兖州）、青州

（今山东青州）等地相继创办了州学。

刘太后听政的11年里，先后6次下令严惩贪官污吏，整顿吏治。为了了解下情，天圣七年（1029），她下令恢复了太宗时设立的理检院，明道元年（1032）又创设谏院。

然而，谏院设立之后，谏官们所提的最多建议是奉劝刘太后归政于皇帝，因为仁宗年纪渐长。刘太后却对此装聋作哑、充耳不闻。

明道元年（1032），仁宗的生母李氏病重，同时被晋升为宸妃。不久，李宸妃去世。刘太后打算以普通妃嫔的礼仪为李宸妃出殡，丞相吕夷简上奏建议，葬礼应隆重为好。刘太后心中不悦，召见吕夷简问其缘由。吕夷简说："太后陛下如果不顾念刘氏一家的话，我就不敢多说了，如果还顾念刘氏家族，那么葬礼还是以隆重为好。"刘太后是聪明人，即刻明白了吕夷简的用意，要求以皇后级别的礼仪为李宸妃置办丧事。

明道二年（1033）三月，刘太后病逝，终年65岁。遗诏中要求，以杨太妃为皇太后，与皇帝同议军国事。可见，刘太后对年轻的皇帝仍不放心，致死也不肯让宋仁宗亲政。

晴旭辉辉苑籞开，氤氲花气好风来。
游丝罥絮萦行仗，堕蕊飘香入酒杯。
鱼跃文波时拨剌，莺留深树久徘徊。
青春朝野方无事，故许游观近侍陪。

——〔宋〕赵祯《赏花钓鱼》

平庸皇帝宋仁宗

刘太后的遗诏要求由杨太妃继续垂帘听政。但是，根据御史中丞蔡齐和谏官范仲淹的建议，遗诏中的“同议军国事”被删节掉，于是，宋仁宗开始亲政。

也就是在这时，宋仁宗赵祯才知道自己的身世①，了解到生母已经在明道元年（1032）先于刘太后过世。20多年来，竟然不知生身母亲是谁，这对宋仁宗赵祯来讲，无异于晴天霹雳。同时，又有人添油加醋地说，李宸妃死于非命，更令赵祯抑制不住内心的悲伤。不仅颁布“哀痛诏”自责，尊生母为皇太后，还下令开棺验尸。

① 关于宋仁宗的身世，后来被演义为一种流传至今的民间剧目，即所谓“狸猫换太子”的故事。

待到亲眼看见生母穿着皇太后的冠服，以水银养护、肤色如生，赵祯才相信，刘太后没有谋害自己的母亲，不禁叹道：“人言岂能信？大娘娘[①]平生分明矣！”随后，仁宗追谥刘太后为庄献明肃皇太后，追谥生母李氏为庄懿皇太后。

见宋仁宗重新安排了生母的后事，就有朝臣开始上疏揭露刘太后生前听政时的过失。范仲淹则对宋仁宗说：“先帝去世之后，太后受遣养育和照护陛下十余年，皇上应该替她掩其小错，以成全太后的德誉。”于是，宋仁宗没有过分追究刘太后及其亲属，还诏令朝廷内外不要随便论斥太后垂帘时的事情。

明道二年（1033）四月，宋仁宗开始组建第一届宰相班子，起用了一直被刘太后打压的李迪为宰相，接替吕夷简，留用张士逊继续为相，以薛奎、王随为参知政事，李谘为枢密副使，王德用为签书枢密院事。半年后，再度起用吕夷简为宰相，取代张士逊。

宋仁宗亲政后，恢复了每日上朝问政的祖宗旧制。此后的一年里，宋仁宗亲自批阅百官的奏章，无论大事小事，都认真考察。

为了安抚百姓，宋仁宗决定减轻民众的赋税，针对此前赋税种类繁多现象，明道二年（1033）十月，下令三司将沿纳[②]之物按

---

① 宋仁宗从小叫刘皇后为大娘娘，叫杨淑妃为小娘娘。

② 从唐朝以来，老百姓在交纳正常赋税之外，官府还额外增加名目征收其他物资，然后又将这些额外征收的物资折变成赋税，称之为杂变之赋，也叫作沿纳。

类别合并成一种物资，让老百姓按夏秋两税交纳，大大便利了百姓，减轻了负担。同时还改革了淮南盐法。

正当宋仁宗在朝政上大展身手时，后宫却不得安宁。

由于刘太后生前武断专横，硬把宋仁宗喜欢的王姓女子许配给了刘美的儿子刘从德，塞给宋仁宗一个不喜欢的郭氏为皇后。郭皇后依仗着太后之势骄纵蛮横，使宋仁宗无法亲近其他妃嫔。

宋仁宗亲政后，摆脱了刘太后的控制，得以自由宠幸后宫妃嫔。但是，郭皇后却仍然故我、骄横自恣，并时常与宋仁宗宠爱的尚、杨两位美人争风吃醋。

一天，尚美人当着仁宗的面讥讽郭皇后。郭皇后怒不可遏，起身打尚氏，宋仁宗急忙阻止，这巴掌就顺势打在了宋仁宗的脖子上。皇帝龙颜大怒，多年来的积怨有了发泄的理由，决定废掉郭皇后。宰相吕夷简与郭皇后一直有矛盾，因此支持宋仁宗的决定。

明道二年（1033）十二月，宋仁宗下诏，声称皇后因为无子而愿意出家为道姑，特封为“净妃”“玉京冲妙仙师”，赐道名“清悟”，移居长宁宫。

此诏一出，立即引起轩然大波。御史中丞孔道辅、左司谏范仲淹率领台谏官十余人在垂拱殿门前集体进谏劝阻。但是，最终谁也无法改变宋仁宗的决定，而反对的谏官们则被逐个贬斥。其中，范仲淹被贬到睦州（今浙江建德东）任知州，孔道辅被贬到泰州（今江苏泰州）任知州。

第二年，宋仁宗改元“景祐”。

二月，针对当时的政治腐败，知制诰李淑提出“时政十议”。其中特别提及科举问题，明确指出，科举考试太滥，录用的官员已经冗滥不堪；应该对举子严格考核，延揽有真才实学的人做官。

宋仁宗却坚持自己的看法，他认为朝廷的“取人之路尚狭”，还有太多人“白首而不得进”。于是，景祐元年（1034），宋仁宗下诏：此后“试进士诸科，十取其二”；并对屡试不中、已经五六十岁的人放宽政策，即便考试不合格，也要上报朝廷，可以通过皇帝“赐及第”的办法授予官职。

宽政一出，让历届科场沉沦之士看到了希望，著名词人柳永是受益人之一。此前，柳永曾四度参加科考均落第，三次是在真宗朝，一次在天圣二年，之后10年柳永浪迹天涯以填词为生，未再应考。景祐元年（1034）春，40岁的柳永得知科考新政之后，即由鄂州赶赴京师应考，这一次，柳永登进士榜，授睦州团练推官。暮年及第，令柳永喜悦不已。但是，宋朝廷的科考宽政加剧了官员队伍的膨胀，增加了业已沉重的财政负担。

“时政十议”虽然切中了宋朝当时的政治要害，怎奈宋仁宗在废后风波平息之后，肆无忌惮地宠爱尚、杨两位美人，不问政事。

谏官滕宗谅上疏劝告：“陛下日居深宫，流连荒宴，临朝则多羸形倦色，决事如不挂圣怀。”宋仁宗听后，非常恼火，将其贬官出朝。不久，宋仁宗大病一场，数日不思饮食。朝臣们议论纷纷，归罪于尚、杨两位美人。

景祐元年（1034）八月，宋仁宗迫于朝臣压力，将尚、杨两位美人赶出内宫。尚美人出家为道士，移居洞真宫，杨美人别宅居住。随后，宋仁宗册立曹氏（宋初名将曹彬的孙女）为皇后。

景祐元年（1034）八月，就在宋仁宗赶走尚、杨两位美人那几天，掌管礼乐事务的判太常寺燕肃上奏称："旧太常钟磬皆设色，每三岁亲祠，则重饰之。岁既久，所涂积厚，声益不协。"提议朝廷选派懂音律的礼官，校验太常寺乐器的音准，将破损的乐器送修，或者更造。宋仁宗本人"洞晓音律"，在音乐方面颇有天赋，一听此事，顿时就来了兴趣，立即批准了燕肃的建议，任命洞晓音律的李照、宋祁、李随等人负责校验太常寺乐器的音准，将朝廷钟磬全部刷新。随后，在宋仁宗的亲自参与下，改革乐制成为朝堂之上重要议题之一。

景祐二年（1035）二月，宋仁宗又接受李照的建议，全力支持李照对此前五代音乐家王朴设计的定音方法进行重新校准。任命宰相王曾、吕夷简负责铸造大乐编钟。四月，宋仁宗又命翰林学士冯元、同知太常礼院宋祁同修乐书。景祐三年（1036）七月，新修乐书《景祐广乐记》81卷完成。同年，镇东节度推官阮逸撰写的12篇《乐论》被推荐给朝廷，宋仁宗任命阮逸与胡瑗一起校订钟管十三律，铸造钟磬各一架。这期间，宋仁宗还亲自参与乐谱的创作、乐器的制造，并撰写了一部音乐理论专著《景祐乐髓新经》。

尽管宋仁宗放手让李照去重新修造乐器、修改定音方法，但是李照改乐的结果却没能得到专家和乐工的认可。景祐五年(1038)，宋仁宗在听取各方意见之后，下诏：“在常旧乐悉仍旧制，李照所造勿复施行。”也就是说，宋仁宗折腾了数年的乐制改革宣告失败，一切照旧。

这期间，由于宋仁宗把精力都用在制礼作乐上，无视民生及边境隐患问题，也遭到朝臣的批评。谏官韩琦曾上奏称：制礼作乐之事本源是国泰民安，而眼下“西、北二陲，久弛边备，……宜先及之，缓兹求乐之议，移访安边之策。急其所急，在理为长。”

在舆论压力之下，宋仁宗不再坚持议乐之事。但是，大臣奏事，宋仁宗多数都是点头敷衍，不用心的状态令朝臣担忧。

谏官王陶上疏说：“现在政事无论大小，都由中书、枢密决定，陛下一无可否，岂是为人主之道?”李淑也在“时政十议”的“议大臣”中提出，大臣权力太重，削弱了君权，应该改变这一现象。

的确，在宋仁宗整日专注礼乐之时，宰相吕夷简却雄心勃勃地要有所作为。作为能臣，吕夷简希望大权独揽，处事颇为专横，还与李迪事事不合。景祐二年（1035）二月，吕夷简借李迪的姻亲被参劾的机会，将李迪排挤出朝，李迪被罢为刑部尚书、知亳州。

接替李迪为相的是王曾。王曾与范仲淹关系不错，于是再次召其入朝担任天章阁待制。此前，范仲淹入朝后又数度被贬官，都是因为他直言无隐的个性，此番回京后仍然口无遮拦，甚至更加猛烈地抨击时政。

宰相吕夷简私下派人规劝范仲淹，但是，范仲淹刚正不阿，不为利诱所动。景祐二年（1035）十二月，吕夷简把范仲淹调到开封府，希望借助京师事务繁杂、分散其精力，让他没空闲上书言事。如果治理开封府出了差错，还可以借机将他赶出京城。吕夷简低估了范仲淹的能力，范仲淹是从基层做起的朝官，早在天禧五年（1021）任泰州西溪盐仓监时，发现唐时修建的旧海堤因年久失修，多处溃决，毁坏盐灶，百姓连年遭灾，而奏请朝廷重修捍海堰。天圣三年（1025），宋仁宗调范仲淹为兴化县令，全面负责修堰工程，经过一年的努力，成功修筑捍海堰数百里，使境内数万顷泻卤之地尽为良田，兴化民众称该堤为“范公堤”。可见，范仲淹是个实干派，是位着眼于解决民众实际问题的官员。在开封府上任后，范仲淹仅一个月的时间就把京城治理得井井有条，百姓交口称赞：“朝廷无忧有范君，京师无事有希文[①]。”

景祐三年（1036）五月，范仲淹不满宰相吕夷简的用人唯亲的做法，绘制了一幅《百官图》献给宋仁宗，指出近年来升迁的官员中，哪些是正常升迁，哪些是宰相私心提拔的。吕夷简大怒，向皇上报告说：范仲淹超出职权行事，指责范仲淹离间君臣关系，举荐引用同党。结果，范仲淹又被贬官到饶州任知府。

---

① 范仲淹，字希文。

吕夷简一手遮天，引起朝臣们的强烈不满。集贤校理余靖、馆阁校勘尹洙、馆阁校勘欧阳修三人，因为范仲淹鸣不平而被贬出朝。当时，朝臣们惧怕吕夷简，无人敢为范仲淹送行，唯独龙图直学士李弦、集贤校理王质到郊外给范仲淹饯行。

有人讥笑王质不识时务，王质回答说："范仲淹是好人，能成为他的朋友和同党，是我的福气！"馆阁校勘蔡襄在其作品《四贤一不肖诗》① 中记录此事，一时间，京都人士相互传抄此书，卖书的人也借机发了财。

吕夷简骄横跋扈，宋仁宗听之任之。只有宰相王曾可以稍加抗衡，因此，朝中高层出现了两派，其中参知政事宋绶倒向吕夷简，而枢密副使蔡齐则敬重王曾，两派在许多问题上政见不一，常常相互攻击，甚至当着宋仁宗的面争吵。

景祐四年（1037）四月，两派又因为"论议多不合"而发生争执。眼看这个宰相班子无法运作下去，宋仁宗一怒之下，将四人一起罢免。

就在内政事务令宋仁宗焦头烂额之际，西夏却快速崛起，新一代领导人公然称帝，对宋朝宣战。

---

① 四贤指范仲淹、余靖、尹洙和欧阳修，一不肖指高若讷。当时，馆阁校勘欧阳修写信责问司谏高若讷说："范仲淹无罪被放逐，你不替他辩解，还有何面目见士大夫，出入朝中！"高若纳大怒，把欧阳修的书信反映上去，结果欧阳修被贬官到夷陵任县令。

七百里山界，飞沙与乱云。
虏骑择虚至，戍兵常忌分。
啸聚类宿鸟，奔败如惊麕。
难稽守边法，应敌若丝棼。

——〔宋〕范雍《纪西夏事》

宋夏战争

景祐五年（1038）十月，西夏的后起之秀李元昊称帝，国号“大夏”，公开撕毁了李德明与宋朝签订的和约，并且邀约各部落首领准备大举进攻宋朝。

李元昊是李德明的儿子，为人雄桀、果敢，个性猜疑、凶鸷，幼读兵书，喜好佛学，精通汉文、藏文。景祐元年（1034）十月，其母卫慕氏的外戚山喜密谋欲杀害李元昊，不料事情败露。在权力斗争面前已无亲情可言，李元昊毒辣反击，将山喜及其同族的人全部沉入黄河淹死，并用毒酒毒死了自己的生母。

李元昊素有独立建国的雄心，对父辈臣服于宋朝一直心怀不满。明道元年（1032），李德明去世，李元昊即位后，即刻实施军事化管理，将所属部落打造成随时可以征调的军事组织，加快称帝建国的步伐。

明道二年（1033），李元昊下令，恢复党项人的鲜卑族旧俗，一律秃发，耳挂重环，严禁采用汉人的结发风俗。李元昊自己也废弃唐、宋所赐李、赵姓氏及拓跋旧姓，改用党项王族的姓氏“嵬名”，改名曩霄。废掉宋、辽所封“西平王”或“西夏王”的封号，自称“兀卒”，意即“天子可汗”。

同年五月，李元昊将西夏的统治中心“兴州”升级为“兴庆府”，并且仿照唐都长安、宋都东京，扩建宫城，广修殿宇。下令重订西夏的礼乐制度，创制了西夏文字。景祐元年（1034），西夏改年号为“开运”，不再使用宋朝的年号。

此后，李元昊出兵西征，景祐三年（1036）彻底控制了河西走廊，结束了甘州回鹘的统治历史，与河湟吐蕃划定了双方的势力范围。

景祐五年（1038）十月，李元昊称帝。宝元二年（1039）正月，李元昊致函宋朝，打算先通过外交途径争取宋朝的认可，要求宋朝正式承认“大夏国”及国君李元昊，遭到宋朝的拒绝。六月，宋仁宗下诏，削除李元昊的赐姓和官爵，断绝与西夏的边境贸易，并在边境张榜，有擒杀李元昊者，封官为定难军节度使。外交途径走不通，李元昊随即将宋朝授予的旌节和封号敕诰退还宋朝，就此与宋朝决裂。

面对西夏突如其来的变化，宋仁宗也打起精神，调整内政、应对危机。下诏禁止朋党之争，重新调整宰相班子，以章得象和晏殊为宰相，任命范仲淹、贾昌朝为参知政事，杜衍为枢密使，朝琦、富弼为枢密副使。

宝元二年（1039）正月，又颁布了任官新法。京官到地方任职前需要先到“审官院”报到，由审官院指定去处。如果经过三次征求意见后，所派官员仍不愿赴任，则由审官院强行裁决；如果官员遭遇父母丧事，可以第四次征求本人意见。由此改变了京官自己选择去处，致使贫困地区无官肯去的局面。

六月，宋仁宗诏谕陕西安抚使庞籍调研西夏入侵之事，了解边境地区的情况。随后，地方官夏竦提出了抵御西夏入侵的十条建议，内容包括：联合归顺的羌人部落及唃厮啰、根据地形特点配置兵力；招募土人代替原来的戍兵；增派壮丁、弓箭手守城；裁减边境地区的无用之兵，等等。

枢密副使富弼上书，建议选派有勇略、有经验的武将出征，不因个人小节而罢免其职，以鼓舞士气抵御西夏的侵略。

就在宋朝上下考虑如何对付西夏时，十一月，李元昊先发制人，派遣大军进犯宋朝的保安军（今陕西志丹县），西夏与宋朝的战事正式爆发。

1040 年，宋仁宗改宝元三年为康定元年，以避叛贼李元昊之元。

宋朝保安军守将刘怀忠领兵迎战西夏军队，结果一败涂地，刘怀忠殉国。康定元年（1040）七月，李元昊在三川口（今陕西延安西北）设下伏兵，突袭驰援保安军的宋朝部队，宋军万余人损失殆尽。

随后，宋朝廷任命夏竦为陕西经略安抚使，韩琦为陕西经略安抚副使兼知泾州，范仲淹为陕西经略安抚副使兼知延州。在对夏的方针上，韩琦建议主动进攻，拟发泾原、鄜延两路兵反击。范仲淹则主张坚壁清野，固守抗敌。宋仁宗命诸臣再议。

据晁公武的《郡斋读书志》记载，这一年，宋仁宗“恐群帅昧古今之学，命公亮等采古兵法，及本朝计谋方略，凡五年奏御”。就是说，针对当时外患的压力，将帅又多不学无术的现状，宋仁宗下令曾公亮、丁度等人修撰兵书，借以大力提倡文武官员研究历代军旅之政及讨伐之事。历时 5 年，即庆历四年（1044）《武经总要》问世，这是我国第一部官修的综合性兵书。

书中详尽记述和介绍了北宋时期军队使用的各种冷兵器、火器和战舰等军事器械。还刊载了火药配方和制造工艺，标志着宋朝时期火药已经广泛用于军事领域，主要有火球类、火箭类及管状火器等。同时，《武经总要》几乎收集了古今所有的军事理论和兵家要事。怎奈，这种“临时抱佛脚”的举措，并没有助宋朝一臂之力。

庆历[1]元年（1041），就在宋朝犹豫不决之时，李元昊再度发动进攻。10万西夏大军进犯宋朝的渭州（甘肃平凉）。韩琦急命环庆路副都部署任福率兵数万从镇戎军（今宁夏固原）经怀远城、得胜寨（今西吉县将台北），抵羊牧隆城（今西吉县兴隆镇西北）迎战。西夏军诈败而逃，引诱宋军至好水川（今宁夏隆德西北）伏击圈，斩杀宋军万余将士。

好水川大败之后，宋仁宗改任韩琦、王沿、范仲淹、庞籍分任秦凤、泾原、环庆、鄜延四路主帅，分别负责一路防务。但是，李元昊仍不却步。庆历元年（1041）八月，李元昊领兵攻陷丰州，继续侵扰麟州、府州等许多边境州府。

---

① 庆历年间（1041—1048），毕昇发明活字印刷术，这是人类印刷史上的一次伟大变革。据《梦溪笔谈》卷18载：毕昇用胶泥刻字，字的厚度薄如铁线，每字一印，用火焙烧使之坚硬而成活字。排版时，先在铁板上放置松脂、蜡和纸灰，铁框排满活字后，再在火上加热至药熔掉，用一块平板按压字的表面，使整版字平如砥，即可印刷。“若止印三二本，未为简易，若印数十百千本，则极为神速。”为了提高效率，通常准备两块铁板，一块用来印刷，一块则可排字。第一块印完后，第二块已准备就绪。这样可以交替使用，瞬间可成。每个字有几个字模，特别像“之”“也”等字字模多达20个，以备同板内重复使用。如果有奇字，旋刻之。用草火烘烤，一会儿就能用。活字印刷的优点主要是不必反复雕刻字模。雕版印刷时代，每种书都要自刻一套印刷，用过即作废，而泥活字印刷可印刷许多书籍而不会磨损字模，从而提高了印刷效率。后代的木活字、铜活字、铅活字均由泥活字发展而来。毕昇发明泥活字，比德国的谷腾堡发明铅活字早400多年。

庆历二年（1042）闰九月，李元昊大举进攻泾原路的镇戎军（今宁夏固原），王沿派出大将葛怀敏率兵抵御。李元昊故伎重演，诱骗宋军进入定川寨（今甘肃平凉市北）伏击圈，一举斩杀宋军9400余人，包括葛怀敏、曹英等16名将官，俘获600余匹战马。尔后，李元昊乘胜长驱渭州城下，纵掠700里，并扬言要“亲临渭水，直据长安”。这时，范仲淹自庆州（今甘肃庆城）率军来援，李元昊才撤退而去。

定川寨大败的消息传至京城，宰相吕夷简惊呼：“一战不及一战，可骇也!”而且，宋夏战争爆发以来，宋朝财政异常紧张，国库已经面临无钱支出的困境，仓库也没有储存足够的粮食。

早在宋真宗天禧年间（1017—1021），宋朝总兵力为91万多人。到了宋仁宗时期，为了对西夏用兵和镇压国内叛乱，广募兵丁，仅禁军就激增至80多万人，军费开支浩大，财政捉襟见肘。

加之宋朝长期以来严防内患，对武将严加控制、处处提防，“将不知兵，兵不知将”，军队纪律松弛，缺乏训练，兵众力弱，徒有其表。而澶渊之盟以后，士兵更少训练，骄纵懒惰，不识阵图，不堪一击，以致屡战屡败。

迫于形势，宋仁宗不敢与西夏再战，于是，密令辽州知府庞籍与西夏谋和。

西夏虽然在战争中抢掠了一些战利品。但是，自从战争爆发以来，宋朝停止了对西夏的大量银绢钱岁贡，关闭了边境贸易，严重影响了西夏的社会经济生活。而且，宋朝在陕西仍然拥有重兵，西夏再想进犯也非易事，因此，李元昊也希望与宋朝重新议和。

经过一年多的往来谈判，庆历四年（1044）十月，重订和议：西夏取消帝号，宋朝册封李元昊为“夏国主”，夏对宋朝名义上仍然称臣，宋夏战争中双方所掳掠的将校、士兵、民户不再归还对方；双方在本国领土上可以自由建立城堡。宋朝每年赐给西夏银5万两，绢13万匹，茶2万斤；另外，每年还在各种节日赐给西夏银2.2万两，绢2万匹，茶1万斤。

“庆历和议”达成后，双方恢复了贸易往来，宋朝再次用重金换取了西北部的暂时安宁。

在宋夏交战之时，庆历二年（1042），辽朝也趁机聚兵幽燕，伺机南下侵宋，要挟宋朝交还周世宗北伐时夺取的瓦桥关以南十县地。四月，宋朝急忙派遣富弼、张茂实为回谢契丹国信使、副使，出使辽朝，委婉地拒绝了辽朝的无理要求，并提出宋方的两项条件：要么宋辽通婚，要么增加岁币，请辽朝任选其一，其他条件都没有谈判的余地。

数次磋商后，九月，双方再次达成协议：宋每年送给辽的钱物中，再增加白银10万两、绢10万匹。辽获利后，宣布从幽燕撤兵，此后也不再提归还关南十县的要求了。

病骨支离纱帽宽，孤臣万里客江干。

位卑未敢忘忧国，事定犹须待阖棺。

——〔宋〕陆游《病起书怀》

庆历新政

宋夏战争期间，宋朝各地的士兵哗变、农民暴动也不断发生。

宋初有个“养兵”政策，凡遇饥荒之年，朝廷就派官员到灾区招募强壮饥民充军入伍，以此防止饥民作乱。但是，一些官吏和将军常常克扣军饷，随意役使兵士，引起士兵的极度不满。

庆历三年（1043）五月，京东路沂州（今山东临沂）负责捉拿盗贼的虎翼卒王伦等人在沂州杀死巡检使朱进，占领沂州，宣布起义。起义士兵南下，先后攻占密（山东诸城）、海（江苏连云港）、扬（江苏扬州）、泗（江苏盱眙东北）、楚（江苏淮安）等州。

义军所到之处，各州县巡检、县尉都不敢出战。京东安抚使陈执中派京东都巡检使傅永吉前往镇压，随后宋朝政府又派李沔、曹元吉、韩周等人前去增援。七月，起义军寡不敌众，王伦被官军所杀，起义失败。

王伦起义刚刚平息下来，八月，商（陕西商洛市商州区）、虢（河南灵宝东）一带又发生了张海、郭邈山等人领导的饥民起义。因为这年夏天，陕西大旱，饥民达二三百万人。

九月，起义军进入金州（今陕西安康），夺取金州仓库兵器，并将仓库中的钱帛散发给起义军及当地穷苦百姓。起义军自陕西转战到豫西、鄂北十余州。宋朝派韩琦组织大军围剿起义军。十二月起义军领袖张海等人败亡，起义被彻底镇压下去。

面对内忧外患，宋仁宗的危机意识终于觉醒。他意识到，再也不能因循守旧地维持统治了。九月，仁宗颁布手诏，要求副宰相范仲淹、韩琦和富弼等人针对当时的政治危机提出解救的办法。数日后，范仲淹呈上了《答手诏条陈十事》，认为“历代之政，久皆有弊，弊而有救，祸乱必生”，宋已建国80年，“纲纪制度日削月侵”，已到了“不可不更张以救之”的时刻。

范仲淹上书的十件事包括：

一、明黜陟。严格官吏升迁考核制度。

二、抑侥幸。限制官僚子弟亲友无论贤愚均可通过“恩荫”做官的做法。

三、精贡举。改革科举制度内容和程式，成绩优等者才能做官，其余考中进士的士大夫只能试用，试用合格方能做官。

四、择官长。严格地方知州、县令的保举和选派制度。

五、均公田。调整官员的“职田”过分悬殊状况，防止和减少贪污。

六、厚农桑。组织和奖励兴修水利，发展农桑事业，促进农业生产，保护农民的生产积极性，从而达到富国的目的。

七、修武备。招募5万强壮青年为京畿卫士，平时从事农业生产，农闲季节进行军事训练，既强兵又节省财政开支。

八、减徭役。裁并州县，减轻农民徭役。

九、覃恩信。督责地主落实赦令等恩泽。

十、重命令。各地法令应由朝廷统一下发，颁行之后，必须遵守。

这十件事的重点在于整顿吏治、改革科举制度、加强军备以及促进农业生产等四个方面，除了“厚农桑”这一条外，其余建议皆属吏治改革，为的是巩固和加强宋王朝的统治。

富弼也上书提出自己的看法，建议“进贤能退不肖，止侥幸，去宿弊，逐步改善吏治”。

宋仁宗基本上接受了范仲淹的建议，同时参考其他大臣的见解，陆续颁布成几道诏令，责成有关部门执行，开始实行“庆历新政”。

但是，新政打乱了因循守旧的行政秩序，损害了官僚集团的既得利益，那些无能又多余的官员将被减裁，旧的职田政策面临整顿，传统“恩荫制”需要重新规范，等等。因此，新政招来了既得利益者的强烈阻挠。

其中，以夏竦为首的反对派群起攻击诽谤改革派，指责范仲淹、富弼是“朋党”，诬陷他们有取代皇帝的野心。在流言蜚语的影响和反对派的胁迫下，宋仁宗改革弊政的决心逐渐动摇。

十一月，仁宗颁诏强调“至治之世，不为朋党”。范仲淹一见到诏书，就上表自求罢政。之后，富弼等人也罢去朝中宰执的职位，朝中支持新政的杜衍也被罢相。庆历四年（1044）三月，韩琦上书指出，不应轻易罢黜富弼，结果也被罢去了枢密副使一职，各类新政措施也被迫废除。

历时1年左右的庆历新政，范仲淹所提的“厚农桑”“修武备”还未来得及实施，就在贵族官僚守旧势力的强烈反对下宣告失败。范仲淹被贬官出朝，知邓州（今河南邓州）。

庆历五年（1045）六月，谪守巴陵郡的滕子京重修岳阳楼，函请范仲淹作记。庆历六年（1046）九月，范仲淹写下千古名篇《岳阳楼记》，表达了自己忧国忧民的情怀。

有情风万里卷潮来，无情送潮归。问钱塘江上，西兴浦口，几度斜晖？不用思量今古，俯仰昔人非。谁似东坡老，白首忘机。

——〔宋〕苏轼《八声甘州·寄参寥子》

小车不倒只管推

庆历新政以失败告终，宋朝的统治千疮百孔。兵变与农民起义交织在一起，沉重地打击着宋王朝，正像欧阳修所说："一年多如一年，一火（伙）强如一火（伙）。"

庆历七年（1047）十一月二十八日，贝州（今河北清河境）又爆发了士兵和农民起义。起义军的首领是宣毅军小校王则，王则利用当地民众多信奉弥勒佛的民俗，以宗教为掩护散布变革世道的思想，组织德州、齐州（今山东济南）等地的士兵、农民起来反抗宋朝的统治。起义军打开兵器库，夺得武器，打开监狱，释放囚犯，逮捕宋知州张得一，占领贝州。王则自称东平郡王，建国号"安阳"，改元"得圣"。

王则起义又一次震动了朝廷。庆历八年（1048）正月，宋仁宗调集禁军10万，派遣文彦博为河北宣抚使，以明镐为副使，率领大军围攻贝州，直到闰五月，起义才被镇压下去。

一波刚平，南方又发生了广源州蛮族侬智高大肆侵扰广南事件。

广南西路多聚居溪峒蛮①，其中以侬氏、黄氏、周氏、韦氏四大姓氏势力最大，各自割据一方。对于这些少数民族地区的治理，宋承唐制，设置羁縻州②，加封当地首领为行政长官。

广源州（今越南高平广渊）位于宋朝与交趾王朝（今越南）交界处，隶属邕州管辖，但是距邕州较远，宋廷鞭长莫及。宋初，交趾向北扩张，吞并广源州。侬智高本是广源州的首领，不满交趾的控制，想依附宋朝，然而，宋廷害怕滋生边事，拒绝了侬智高的内属请求，致生怨恨。皇祐元年（1049）九月，侬智高趁宋朝广西守将防备松懈，率众攻破了邕州的横山寨（今广西田东）。此举并未引起宋朝廷的重视。

皇祐四年（1052）五月，侬智高率部众五千人，再次进攻广南地区，很快占领两广大片地区，攻陷广南西路重镇邕州（今广西南宁），并公然称帝，随后一度包围广州。宋朝廷这时才意识到问题的严重性，以孙沔为广南安抚使，前往征伐，却未成功。随后，枢密使狄青上表请征，宋仁宗准奏。

皇祐五年（1053）正月的上元节，狄青下令大宴三夜，款待将士，以麻痹侬智高。随后，亲率大军顶风冒雨越过险要的昆仑关，直捣邕州。侬智高仓促应战，全军被歼，侬智高逃至大理国，

---

① 史籍对土家族的称谓之一，以地域命名。

② 唐王朝在西南少数民族地区设置的一种行政区划。

被大理人所杀。

狄青迅速平叛，声名大震，升任枢密使，负责总揽全国军务。百姓传说狄青智勇双全，惊为天人。狄青每次出门，老百姓总是蜂拥而至，希望一睹狄青风采，以至于堵塞道路。朝中大臣甚至包括赏识狄青的名臣韩琦都开始担忧狄青功高震主，群臣们对狄青的攻击和猜测接踵而来。在这个“扬文抑武”的朝代，武将受到防范已是理所当然。嘉祐元年（1056）五月，宋仁宗解除狄青的枢密使之职，出判陈州（今河南周口市淮阳区），任命韩琦为枢密使，总揽军务。武将功高不受重用，文官的革新主张也不采纳，宋王朝注定只能在内忧外患中苟延残喘。宋仁宗统治的最后十多年间，依然有不少有识之士、官员希望重振朝纲，并陆续提出各种改革的主张。皇祐元年（1049）十二月，户部副使包拯（999—1062）上书朝廷，陈述冗官之弊。

宋真宗时期，朝廷文武官总数为 9785 名，而此时已达 17300 人，翻了将近一番。宋朝共设 320 个州郡，1250 个县，州县官员人数都有定额，最多不过用吏五六千人，但是仁宗时期用吏近 20000 人，膨胀了 3 倍之多。机构臃肿，官员膨胀，“一官三人共之”。针对当时的积弊，包拯主张严格选拔官员，淘汰冗杂、贪暴、懦弱无能的官吏，强令年老的官吏退休，解决冗官之弊。其实，仁宗时期不仅有冗官之弊，还有冗兵之弊。随着军队不断扩编，养兵费用也水涨船高。每年厢、禁军开支就占宋朝财政收入的 5/6。另外，宋仁宗推崇佛教，不断大兴土木，修建寺观，宗教仪式名目繁多，耗费也相当巨大。

宋真宗天禧五年（1021），全国财政收入 1.5085 亿余贯，支出 1.2677 亿余贯。而到了皇祐元年（1049），财政收入只有 1.2625 亿余贯，已经到了入不敷出的程度。

针对财政困难，许多士大夫纷纷上书提出改革主张。

嘉祐四年（1059 年），三司度支判官王安石向宋仁宗呈送了一封长达万言的《言事书》，指出“天下之财力日以困穷，风俗日以衰坏”，是因为“不知法变”，并提出了尽快培植人才、改革弊端的主张。

尽管朝堂之上朝臣们频繁又激烈地对时政进行着尖锐地批评，但是一切正如史书《宋史·仁宗本纪》中描述的那样：“刑法似纵弛，而决狱多平允之士；国未尝无弊幸，而不足以累治世之体；朝未尝无小人，而不足以胜善类之气。”也就是说，当时，虽然刑法的执行松弛，但是法官大多公平正直；朝政虽有弊端，但是不足以破坏大局；朝臣中不乏小人，但是不足以压倒正气。

简而言之，“小车不倒就尽管推”，因为宋仁宗对朝政弊端已经习以为常，以其宽容仁厚之心，容忍着各方批评。只是，再强烈的痛批也无法刺激他的神经，除了皇位继承人的问题，已经再无其他事情可以扰动他的心神。

宋仁宗 34 岁前生过 3 个儿子，都夭折了。此后所生均为女儿，他最宠幸的张妃，4 年里先后为他生了 3 位公主。嘉祐元年（1056）正月初，47 岁的宋仁宗突然口出涎水，语无伦次。此后几天，病情愈益加重，不能上朝听政，朝野上下一片恐慌，多亏宰相文彦博把持大局，才未出现混乱现象。

后继无人是国家大事。病好之后，宋仁宗把时间多花在嫔御身上，搏命生子，册立太子问题无人敢议。五月，知谏院的范镇上书，建议早立太子，以稳定局势。其后司马光等人也上书要求早立太子。范镇上书一出，引起朝廷震动。但是，宋仁宗却并不表态。范镇因而惶恐不安，居家待罪百余日，须发尽白。据说，此事感动了宋仁宗，传话范镇再等两三年，仁宗期望自己还能生出龙种。怎奈，嘉祐四年（1059）四月和五月，第 9 位、第 10 位公主先后降生。见状，刚刚升任宰相不久的韩琦向宋仁宗进言，建议选择宗室子弟中的贤能者立为太子。

直至嘉祐六年（1061）七月，第 13 位皇女诞生后，宋仁宗才不得不接受自己命中无子的事实。闰八月，知谏院司马光上书请立储君。随后，宋仁宗召见韩琦等大臣，商量册立赵宗实为太子。

赵宗实是宋仁宗堂兄濮安懿王的十三子，4 岁时以“招帝”的名义被宋仁宗和曹皇后接到宫中抚养，8 岁那年因宋仁宗次子出生，被送回王府。为了册立他为太子，赵宗实首先被任命为泰州防御使、知宗正寺，以做铺垫。然而，赵宗实对太子名位却不感兴趣，任命书屡次下达，赵宗实屡次拒绝上任。

僵持一年多之后，嘉祐七年（1062）八月，宋仁宗采纳韩琦、欧阳修的建议，直接下诏，册立赵宗实为皇太子，改名赵曙。半年后，嘉祐八年（1063）二月，54 岁的宋仁宗再次患病，卧床不起。三月底，病逝于福宁殿。

宋仁宗死后第二天，皇太子赵曙应召入宫。得知宋仁宗驾崩，自己将即皇帝位时，赵曙吓得胆战心惊，连声说“某不敢为，某不敢为”，抽身便往回跑。大臣们一齐上前，将他抱住，有人替他解开发髻，有人替他穿上黄袍。宰相韩琦临变不惊，主持赵曙登基，是为宋英宗。

暮云收尽溢清寒，银汉无声转玉盘。

此生此夜不长好，明月明年何处看。

——〔宋〕苏轼《中秋月》

短命皇帝宋英宗

嘉祐八年（1063）四月，新皇帝宋英宗即位，有识之士们开始祈盼，期待朝政弊端能在新君的统治下得以革除。然而，宋英宗即位后第 4 天，忽然发病，连人也不认识了，病情时好时坏，对宫中宦官动辄打骂。宰相韩琦率领文武百官面见皇太后，经过商讨，决定宋英宗上朝听政前，由皇太后暂时全权处理朝政。

到这年岁末，经过治疗，宋英宗逐渐恢复了健康。治平元年（1064）五月，曹太后还政于宋英宗，不再处理朝政。

宋英宗重视文化教育，亲政后，发现赵氏宗族人员越来越多，但是宗室教育却很成问题。六月，宋英宗让执政大臣选择一些学问高深、品德优秀的士大夫担任宗室教师。宗室教师由原来的 6 名教授增加到 27 名。同时，宋英宗还专门让中书舍人起草一道诏书，传达到各宗室家庭，鼓励宗室家长管教子弟，努力读书。同年，谏官司马光将自己创作的史书《历年图》25 卷呈献给英宗，受到宋英宗的赏识。治平三年（1066），时为龙图阁直学士的司马光，再次将其编撰的纪传体通史《通志》8 卷进呈给朝廷，引起宋英宗的重视，随即下诏设置书局，拨款、选官，专门支持司马光继续进行史书编撰工作。

但是，此时的宋朝财政已经捉襟见肘。入不敷出的财政，还要给辽国、西夏大量岁币。面对内外交困的政局，宋英宗也想进行一番改革，询问执政大臣“积弊甚众，何以裁救”？但是，在朝臣们尚未给出治国良策之时，宋英宗又打算升格已去世的生父为皇帝。于是，治平二年（1065），宋英宗命朝臣们讨论已故濮王的名分问题。

对此，朝臣们很快分为两大派。以王珪为首的一派认为，宋英宗在即位前已经过继给宋仁宗为养子，从辈分上说，濮安懿王赵允让（宋英宗亲生父亲）是宋仁宗的堂兄，所以只能称赵允让为“皇伯”。而以韩琦、欧阳修为首的一派则迎合宋英宗的心意，援《礼》为据，认为“出继之子，对所继所生皆称父母”，因此皇帝提到已去世的父亲（即先帝）时，称之为“皇考”。

一时间，朝野上下围绕着皇考、皇伯之事论战不休，而且一“战”就是 18 个月，最后以“皇考派”胜利而结束。这就是宋朝历史上有名的“濮议”。

刚刚提升了生父的地位，治平三年（1066）十一月，宋英宗再度患病，服了 1 个多月的药，仍不见好转。监察御史刘庠建议宋英宗早立太子。宋英宗虽然十分反感，最终还是勉强决定，“立颍王顼为皇太子”。十二月二十二日，宋英宗长子、颍王赵顼被立为皇太子。15 天后，宋英宗匆匆离世，韩琦急召太子，安排赵顼即位，是为宋神宗。

神宗本是英明主，安石原非侧媚臣。

可惜有才偏执拗，终教新法病斯民。

——〔清〕光绪《宋神宗》

王安石变法

治平四年（1067），宋朝陷入财政危机，宋英宗的丧葬费用不得不大大削减。宋神宗赵顼登基的第 3 天，三使司韩绛报告说，自与西夏开战以来，征调财力，动用国库，“百年之积，惟存空簿”。同时，土地兼并现象严重，赋税不均，导致农民起义和士兵暴动连年发生，税收减少，开支却不断增多。

面临着种种困境，19 岁的宋神宗赵顼并未退缩。赵顼自幼好学，爱读《韩非子》，对法家“富国强兵”之术兴趣浓厚，即位后决心改变宋朝积贫积弱的局面，建立一个国富兵强的王国。

然而，当他向富弼、司马光等人征询富国强兵之道时，这些久居高位的元老重臣却老于世故，因循故道，建议宋神宗“二十年不言兵”，试图打消新皇帝迫切改革的念头。但是，宋神宗图强心切，转而寄希望于当时富有名望的王安石（1021—1086），因为他曾读过王安石的《上仁宗皇帝言事书》，十分佩服王安石的改革思想。

王安石当时任江宁知府。宋神宗即位 5 个月后，召王安石入朝担任翰林学士兼侍讲，并准备让他出任宰相，出手治国安邦。但是，韩琦、富弼、吴奎等宰执大臣认为，王安石的政治主张过于理想主义，王安石只是个临事迂阔、文过饰非的人，行事不够稳健，当个翰林学士绰绰有余，不适合做辅弼大臣。

宋神宗则不以为然，经常不循常规地直接召见王安石，商谈治世之道与国是方针。王安石得以多次向皇帝阐述他的思想学说和全面改革宋朝“风俗法度”的政治抱负。

熙宁二年（1069）二月，宋神宗提拔王安石为参知政事，并要求他拿出一套改革方案，开始变法。

20 天后，宋神宗采纳王安石的建议，设立“制置三司条例司”，作为制定户部、度支、盐铁三司条例的专门机构，任命枢密院事陈升之和王安石负责，后来又由韩绛接替了陈升之。

变法之初，首先面对的就是宰执们的阻挠。宰相曾公亮年过古稀，长期占据高位，遇事模棱两可，阻挡进用新人，不支持变法；宰相富弼，见宋神宗信任王安石推行变法，便称病求退；知政事唐介最初就极力反对宋神宗任用王安石，但是在王安石上任 4 个月后病死了；另一位参知政事赵抃见难以阻挠变法，便整天叫苦不迭。时人讽刺说：五位执政者“王、曾、富、唐、赵”分别是“生、老、病、死、苦”。

为了推行变法，王安石推荐了吕惠卿、章惇、蔡确、曾布、吕嘉问、沈括、薛向等一批新锐人士进入制置三司条例司，作为实施新法的骨干力量。

从七月起，各项新法陆续推出。

在理财方面，先后推出改革财政弊端的“均输法”，提高税赋收益的“青苗法”“免役法”“方田均税法”，发展农业的“农田水利法”，顺应商品经济发展的“免行法”，加强政府市场垄断的“市易法”。

在强兵方面，推出了维护地方治安的“保甲法”，保障军备的“保马法”，提高装备质量的“军器监法”，提高军队素质的“将兵法”。

在教育、文化方面，推出了改善科举制度的“科举新法”，即取消科举考试的诗赋、帖经①科目，改为考试议论文，以培养学子们独立思考的能力，在学校增加学习地理、经济、史学、法学、医学等内容，实施整顿学校的“三舍法”，等等。

在吏治方面，针对吏胥欺取民财的现象，王安石的新法中增加了“吏禄”制度，即给吏职人员发放俸禄。在宋代，官与吏职能尊卑有严格区别。官指的是行政长官，是政府各部门的正职，由朝廷除授，籍在仕版，考核升迁管理之权都在朝廷，且由中央财政发放俸禄；吏的地位相对低微，多为地方或各级官府及其下属部门招募的差役，是为各类办事、管理人员，无固定的俸禄，只能靠克扣、受贿作为生活收入来源。特别是狱吏、仓吏、府吏等吏职中出现了大批恶吏，搜刮民脂民膏、盘剥百姓、鱼肉乡里

---

① 即对五经填空白的考试法。

的恶行时有发生，甚至出现致死人命的现象，激化了社会矛盾，导致社会动荡。为此，王安石将吏官的待遇纳入朝廷财政给付的范畴，希望能通过增发俸禄的方式消除吏官们贪赃枉法的行为。

但是，新法一实行，即刻引来全体既得利益阶层的疯狂反扑，这些被称为保守派的集团势力，掀起了巨大的反对变法声浪，矛头直指王安石。

在保守派看来，变法派不守祖宗之法是政治上的最大罪状。但是，王安石鼓舞宋神宗说："天变不足惧，人言不足恤，祖宗之法不足守。"在宋神宗的支持下，变法得以迅速实行。

熙宁三年（1070）五月，宋神宗撤销了制置三司条例司，将其职权收归中书。十二月，王安石与韩绛同日升任宰相。变法进入高潮，但是阻力也随之加强。此前，保守派以富弼、赵抃、司马光、文彦博等老臣为主，这些人因与王安石政见不合，纷纷罢相而去。随后的保守派主要是宦官和外戚，后台支持者是太皇太后曹氏（宋仁宗的皇后，神宗之祖母）、皇太后高氏（英宗的皇后，神宗之母）。

从熙宁六年（1073）开始，全国连年大旱，大量灾民涌向开封等大城市。保守派趁机指责变法触怒天帝，导致"天变"。一时间，朝野上下形成了以天命、天意剿灭新法的一股逆流。"天变"之说对宋神宗产生了心理影响，太皇太后曹氏和皇太后高氏也哭诉"王安石将乱天下"，宋神宗开始动摇。而王安石也感到压力太大，主动请求辞相。次年四月中旬，宋神宗下诏：王安石出知江宁府“安心休息”，但允许他随时入朝商议政事。

王安石罢相后，以韩绛为相、吕惠卿为参知政事，继续推行新法。然而，随着政局的变化，变法派内部也开始分裂。吕嘉问、曾布、吕惠卿等人为争权而产生纷争，吕惠卿还乘机打击王安石，以图巩固相位。

熙宁八年（1075）正月，韩绛奏请宋神宗召王安石复相。二月间，宋神宗召王安石回京师复相。王安石再度任相，不仅面临朝中强大的保守派势力的冲击，还要处理变法派内部关系恶化的态势。王安石首先与韩绛意见不合，韩绛罢相。随后，王安石与吕惠卿也无法继续合作，吕惠卿外放陈州。王雱、吕嘉问等人趁机对吕惠卿打击报复，宋神宗开始对王安石感到不满。

四月，辽朝提出割地要求，宋神宗向旧臣问策。这时已罢相在外的韩琦抓住机会否定新法，指责将兵法、编保甲“致契丹之疑”，青苗、免役、市易诸法使“邦本困摇，众心离怨”。

熙宁九年（1076），天上出现彗星，反对派再次以“天变”为由攻击新法。这时，王安石复相已经一年多，其间变法派处境困难，难以实施新法。而宋神宗也不再像从前那么信任王安石了。

得不到宋神宗的支持，新法就无法推进，加上新法在实施中过于粗暴，导致强征暴敛、虚报成绩、争权夺利、贪污腐化等现象。为此，熙宁九年（1076）春至十月间，王安石数次上奏请求罢相，终于再次罢相、出判江宁府。第二年，王安石辞官，结束了政治生涯，退居金陵，不问世事。

君臣一德盛熙宁，厌故趋新用六经。
但怪画图来郑侠，何期奏议出唐坰。
掌中大地山河舞，舌底中原草木腥。
养就祸胎身始去，依然钟阜向人青。

——〔宋〕洪咨夔《荆公》

富国有术，强兵无方

熙宁十年（1077），王安石带着壮志未酬的遗憾和满腹的伤悲，退出了政治舞台。但是，宋神宗并未放弃改革。同年，改年号为“元丰”，宋神宗从幕后走到台前，亲自主持变法，将改革焦点放到宋代官制和强化军队训练上。

宋初以来，官制非常复杂。宋太祖赵匡胤在创建新官制的同时，并没有废除前朝的旧官制。官员在被任命时，往往被授予旧官名，但是实际职责却与官名毫不相干。官名的用处只是领取俸禄的标准，所以又称为“寄禄官”或“官”，实际职责被称为“差遣”，而荣誉性的官衔被称为“职”，如殿阁学士、待制等。

为了改变官员称谓混乱的现象，宋神宗下令以《唐六典》为蓝本，研究官制改革方案。历经三年研究，元丰三年（1080），宋神宗下令颁行《元丰寄禄格》。将原来的寄禄官全部改为政府机构的正官，成为名副其实、主管本部门的职事官，官僚俸禄、升降品阶遵循新格办理。

元丰五年（1082），宋朝又颁布三省以下中央机构的组织法规和《官品令》。重新实行三省六部制，以三省长官为宰相、执政，实权归于中书。另外，精简机构，将三司并入户部、工部，审官院并入吏部，审刑院归入刑部。同时减少了官阶，明确了官员职责。对于这次官制改革，史称“元丰改制”。改制后，设宰相二人，首相称尚书左仆射兼门下侍郎，次相称尚书右仆射兼门下侍郎；另设门下侍郎、中书侍郎、尚书左右丞为副相。

在官制改革的同时，宋神宗对原有的兵制也进行了局部的改革。首先是依托“将兵法”，设立指使、巡教使臣、教头等职位，负责军事训练，提高军队战斗力。另外，在“保甲法”的基础上实行“集教法”，也就是把地方民兵组织中的大保长集中起来，进行军事培训。又以“团教法”将保丁分团实施训练。此举对维持地方治安具有积极作用。

为了扩大养马的范围，给军队提供更多的马匹，宋神宗还改革了王安石的“保马法”。同时扩大了禁军队伍，兵员由熙宁年间的 56 万余人增加到 61 万余人。

时至元丰四年（1081），从王安石变法到元丰改制，这 12 年里，宋朝的国力有了很大的提升：仅熙宁六年（1073）的青苗钱利息就达 292 万贯，熙宁九年（1076）的名役宽剩钱（即支付役钱以后的纯结余）达 392 万贯。熙宁、元丰年间的货币税收比宋仁宗统治末年增加了64%。元丰年间还立了52座元丰封桩库，储备战备物资。

但是，变法后的宋朝国富民穷，国库的丰盈完全是通过大幅度增加税费征收实现的，而宋朝的经济总量并未增长。同样，在军事改革上，变法也未有明显成效，以至于有人说新政“富国有术而强兵无方”。这句话在随后的对夏战争中得到了验证。

在王安石变法期间，也就是熙宁四年（1071年），洮河安抚使王韶招抚了青唐地区最大的一个吐蕃部落。随后，一些较小的吐蕃部落也相继归附北宋。熙宁五年（1072），王韶出兵攻打拥兵相抗的吐蕃部落，占据武胜，后改称熙州（今甘肃临洮）。熙宁六年（1073）从春天到十月，王韶先后攻占洮州（今甘肃临潭）、河州（今甘肃临夏）、宕州（甘肃省宕昌县）、岷州（甘肃岷县）、叠州（甘肃省迭部县境内）等地，招抚了河湟一带（今青海东部）的吐蕃部落30余万人。这次战役极具战略意义，宋朝就此控制了西北门户，斩断了西夏右臂，同时把北宋幅员扩展了2000余里，西越黄河、南通巴蜀、北接皋兰。这是北宋王朝结束五代十国割据局面之后，80年来所获得的最大的一次军事胜利。

这次胜利也唤起了宋神宗征服西夏的夙愿。这一年，宋朝廷再次将行政区域进行重新规划，继天禧四年（1020）分江南路为江南东路和江南西路（江西名字的由来）之后，再分京西路为京西南路和京西北路，分淮南路为淮南东路和淮南西路，分陕西路为永兴军路和秦凤路，分河北路为河北东路和河北西路，分京东路为京东东路和京东西路。

元丰四年（1081），西夏国主夏惠宗（名叫秉常）欲将河、洮等州黄河以南的土地归还给宋朝，遭到夏国梁太后的反对，将其囚禁。宋朝的鄜延副总管种谔闻讯后上报宋神宗，建议出兵攻打西夏。

在朝廷会议上，知枢密院孙固、同知枢密院吕公著反对轻率举兵。但是，宋神宗按捺不住对战争的狂热，决心以武开边，建功立业。七月，宋神宗固执己见，以宦官李宪为主帅，统军出熙河路，外戚高遵裕率军出环庆路，刘昌祚率军出泾原路，宦官王中正率军出河东路，种谔率军出鄜延路，分兵五路大举进攻西夏。这五路将领中，李宪宗、王中正是宦官，高遵裕是宋神宗的外叔祖，都不是领兵打仗的将才。

一个月之后，种谔、王中正、高遵裕三路大军攻占米脂（今属陕西）等地，随即因为粮草不济而无法前进；刘昌祚兵临灵州，前锋几乎可以破城而入，但是高遵裕嫉功、牵制刘昌祚，不许乘胜攻城，以至于贻误战机，反被西夏决开黄河水所淹；李宪攻占兰州城后，便迟迟不愿进军，到十一月才进抵天都山（今宁夏海原境），这时其他各路军已失败，于是接诏班师回朝。

灵州兵败令宋神宗寝食不安、忧虑成疾。对于败军之将，宋神宗只是贬了高遵裕、刘昌祚和王中正的官，却提升李宪为泾原路经略安抚制置使。同时，宋神宗并不甘心失败，执意要发动一场更大规模的战争。

元丰五年（1082）五月中旬，鄜延路经略安抚副使种谔建议，进据盛产粮、马、盐、铁的横山（今陕西横山）战略要地，再沿银、宥、夏、盐（今陕西定边）、会（今甘肃靖远）、兰（今属甘肃）等州一线，增修城堡，筑垒推进，围困兴州（今宁夏银川）、灵州（今宁夏灵武西南），迫使西夏就范。而后，经略安抚使、知延州沈括[①]也请命进攻乌古延城（今靖边西），以围横山。宋神宗接受了种谔、沈括的建议，并派遣给事中徐禧、宦官李舜举等人到横山一带主持筑城防守事务。

徐禧上任后却主张在永乐（今陕西米脂西北马湖峪）筑城，作为根据地，进扼横山关隘。种谔、沈括提出强烈反对，但是，徐禧固执己见，八月底筑永乐城，宋神宗赐名“银川寨”。却不知此举酿成大患。种谔尖锐地指出“城之必败”。

横山是西夏心腹之地，永乐城筑成十余日后，西夏便集全国精兵与宋军展开殊死搏斗。沈括建议弃城诱敌，徐禧不采纳，频失战机。主帅无能，累死三军，永乐城守军最终全军覆没。

---

① 沈括（1031—1095），钱塘（今浙江杭州）人，北宋时期的政治家、著名的自然科学家。1063年，33岁的沈括考中进士，由于在数学、天文、历法方面有一定的成就，被提升为太史令兼管司天监。沈括是王安石变法的积极支持者和执行者，曾积极推行王安石的“农田水利法”，并著有总结农业水利经验的著作《圩田五说》。后来，他主持编绘《天下州县图》，历时12年，完成了这套国家地图集。1088年，58岁的沈括闲居于润州梦溪园（今镇江市东郊），写成了《梦溪笔谈》30卷。

灵州兵败、永乐之役使宋朝损失了 60 万人，付出了巨大的代价。证明了强兵改制之策是失败的，宋神宗的开边之梦也随之破灭。

从此，宋神宗一蹶不振、抑郁染疾。元丰八年（1085）三月，38 岁的宋神宗赵顼带着遗憾离开人世。宋神宗用尽毕生的精力，希望强兵富国，然而在他死后，他的新法却成为党派之争的核心。

英名愧终贯，高节谢巢由。

直取云山笑，空为簪组羞。

浮沉乖俗好，隐显拙身谋。

惆怅临清鉴，霜毛不待秋。

——〔宋〕司马光《自嘲》

司马光废除新法

元丰八年（1085）二月，宋神宗病重不能处理朝政。宰相王珪请皇太后高氏暂时听政，神宗表示同意。神宗死后，其不满10岁的儿子赵煦继承皇位，是为宋哲宗。宋神宗之母高氏以太皇太后的身份处理军国大事，次年改年号为“元祐”。

高太后在王安石变法时期就是守旧派的支持者，因此，她主持朝政后，立即起用反对新法的守旧势力。

五月，守旧势力的核心人物司马光升任门下侍郎。司马光是一位正统的儒家弟子，反对任何旧制中没有的东西。因此，司马光上台后，即刻要求废止熙宁变法的各项措施。

此时，朝中宰相蔡确和知枢密院事章惇，都属变法派，他们坚决抵制司马光的主张。但是，在高太皇太后的支持下，司马光向朝廷推荐了一大批反对变法的官员，如刘挚、范纯仁、范祖禹、吕大防、孙觉、王岩叟、苏轼、苏辙等人，出任侍御史、监察御史等要职，对变法派展开全面反扑，掀起反对和废止变法的狂潮。

当年七月，宋廷废除《保甲法》；十一月，废除“方田均税法”；十二月，废除“市易法”和“保马法”。此事发生在宋哲宗的元祐年间，因此历史上称为“元祐更化”。

元祐元年（1086）闰二月，守旧派开始向变法派的宰执大臣发起进攻，台谏官出面参劾蔡确、章惇、韩缜等人。不久，三人均被罢出朝廷。

三月，司马光要求全国在五日之内废除“免役法”，恢复“差役法”，引起守旧派内部的广泛争议。因为司马光说不出“免役法”的弊端，而范纯仁、苏轼等人认为“免役法”有其合理性，不应不加分析地废除。怎奈司马光固执己见，听不进任何反对意见。随后，司马光得到原属变法派的开封知府蔡京的支持，如期完成了五天恢复“差役法”的目标。

司马光废除新法的举措令病中的王安石悲愤不已。四月，王安石在失望中落寞去世。王安石去世后，朝廷下诏停止上朝两天。司马光评价王安石说：文章、诗赋和个人品德不同凡响，但政治上轻率幼稚。

五月，司马光拜相，升为尚书左仆射。吕公著被召入朝，升任尚书右仆射兼中书侍郎，两人同为宰相。81 岁的四朝元老文彦博也重出江湖，担任平章军国事。宰执大权统归守旧派，司马光等人开始独断专行。八月，又废除“青苗法”。

九月，67 岁的司马光因病去世。司马光去世后，81 岁的文彦博升为左相。守旧派依然牢固地掌握政权，不仅继续废除其他新法，同时开始不择手段地清算变法派，将所有变法派官员都赶出了朝廷，吕嘉问、邓绾、李定等人相继被贬，不许再入朝为官，希望就此将变法派从朝廷中根除。

然而，司马光去世后，守旧派失去了灵魂人物，内部纷争四起，相互攻击，分化为几个小集团，朝臣按籍贯划分，形成了所谓的洛党、蜀党和朔党。

洛党以为宋哲宗皇帝讲经学的洛阳人程颐为首。程颐以老师自居，对宋哲宗正色训诫，主张一切用古礼，还要求他在给哲宗皇帝讲经学时，垂帘听政的高太皇太后也要旁听。翰林学士苏轼讥讽他不近人情。程颐、苏轼日渐对立。程颐门人谏官贾易与朱光庭等结为朋党，号称“洛党”。蜀党以翰林学士四川人苏轼为首，包括苏辙、吕陶等人。朔党以门下侍郎河北人刘挚为首，包括王岩叟、刘安世、梁焘等一伙御史官员，都是司马光废除新法的最坚定的支持者。

洛、蜀、朔三党互相攻伐，党争公开化，矛盾逐渐加深。

元祐二年（1087），程颐指责高太后在皇帝不在场时单独垂帘听政，引起高太皇太后不满，被罢出朝廷。后来洛党的贾易捏造文字狱弹劾苏轼，并涉及文彦博、吕公著。高太皇太后大怒，结果两败俱伤，贾易被罢官，苏轼也辞官出朝，改任杭州知府。

守旧派虽然相互攻伐，但是大权在握，对变法派仍然不依不饶。就连早期已经被贬出朝的人也不放过。元祐四年（1089），被贬在外的蔡确，因为几首诗被守旧派抓住机会，说诗歌讥笑朝政、讽刺高太皇太后。高太皇太后怒定蔡确重罪，并且一贬再贬直至其客死新州。

守旧派对内心狠手辣、彻底清除变法派，对外政策上却奴颜婢膝、屈服妥协。元祐四年（1089）十一月，宋朝把宋神宗时期征服的米脂（今陕西米脂）、葭芦（今陕西佳县）、安疆（今甘肃华池东）、浮图四寨拱手奉还给西夏，借以换回在永乐城之战中被俘获的将士。西夏国大喜，下令在国内寻找 155 名宋朝人送到边境，交还宋朝，不费一兵一卒收回了四寨。

元祐五年（1090），文彦博年老告退，吕大防升为左相，朔党首领刘挚为门下侍郎。次年二月，刘挚升任右相，遭到左相吕大防的排挤。御史杨畏依附吕大防，劾奏刘挚，十一月刘挚被罢相，外放郑州知府。朱光庭为刘挚辩解，也被贬官，外放亳州知府。

守旧派的内部倾轧使得朝廷陷入一片混乱之中。这期间朝政一切皆听命于高太皇太后，人们似乎忽略了宋哲宗的存在。

元祐七年（1092），17 岁的宋哲宗到了亲政的年龄。但是，高太皇太后没有弃政的打算，追随高太皇太后的大臣们也不劝太后撤帘，凡事先奏太后，有宣谕也必听太后之言。守旧派大臣们这种“目无君主”的行为令宋哲宗越来越气愤，隐藏于守旧派与皇帝之间的矛盾，随着时间的推移，终成水火不容之势。

春归何处？寂寞无行路。若有人知春去处，唤取归来同住。

春无踪迹谁知？除非问取黄鹂。百啭无人能解，因风飞过蔷薇。

——〔宋〕黄庭坚《清平乐》

宋哲宗亲政

元祐八年（1093）九月，太皇太后高氏病死，19 岁的宋哲宗赵煦终于得以亲掌朝政。

宋哲宗对高太皇太后及守旧派早已心怀不满，却对宋神宗任用王安石变法图强钦佩已久。亲政后，宋哲宗建功心切，立志要承继父亲的新法之策。有朝臣揣摩到了宋哲宗的心思，十二月，谏官杨畏提议，恢复宋神宗时期的政策，并列举章惇、安焘、吕惠卿、邓润甫、李清臣等人可用。

元祐九年（1094）二月，宋哲宗起用李清臣、邓润甫为执政大臣。两人倡议绍述[①]先帝之政，朝廷于是形成了一股“绍述先帝遗业”的潮流，人们明白皇帝又要推行新法了。

也有守旧派坚守不退让，礼部尚书苏辙公然反对再行新法，

① 绍述意指继承前人。

结果被贬知汝州。四月，谏官张商英开始抨击司马光、文彦博的元祐之政，并提醒宋哲宗不要忘记元祐时期大臣们对他的不敬。当月，翰林学士、变法派曾布建议改年号为“绍圣”，以伸张恢复先帝事业之意。

不久，守旧派官员范纯仁、吕大防等都被贬出朝廷。元祐元年被罢政出朝的章惇再度入朝拜为首相，曾布入主枢密院，蔡卞、蔡京、林希、黄履、来之劭等人都入朝担任要职。吕惠卿知大名府，又转知延安府，防备西夏。

经过一系列的人事任免，守旧派势力基本被清除，变法派重新控制了朝政，反手继续打击守旧党，并开始恢复免役、青苗等新法，同时略加改革。

章惇执政后，把对守旧派进行打击报复放在了首位。绍圣元年（1094）五月，章惇罗列出元祐年间主张将米脂、葭芦、安疆、浮图四寨之地奉还给西夏的大臣名单，包括司马光、文彦博、赵卨、范纯仁等 11 人，分别安上“挟奸罔上”的罪名。

七月，御史中丞黄履、张商英、来之劭等上疏，批评司马光变更先朝之法，叛道逆理。随后，宋哲宗追夺司马光、吕公著死后所赠谥号，连神宗当年亲笔御赐的碑额也被追回。绍圣二年（1095）八月，吕大防、刘挚、苏辙、梁焘等再被贬官。

为了使守旧派的罪状成为后世之鉴，宋哲宗下诏指示：“大臣朋党，司马光以下，各以轻重议罪，布告天下。余悉不问，议者亦勿复言。”

绍圣四年（1097），宋哲宗再次追贬司马光、吕公著、王岩叟等已死诸人的官职。其后吕大防、刘挚、苏辙、梁焘等人被流放到广南东路（今广东），范纯仁被贬往永州（今湖南永州），苏轼被贬往昌化军（今海南儋州）。章惇又把文彦博以下30人揭榜朝堂，文彦博由太师贬为太子少保。

元祐时任史官的范祖禹、黄庭坚也被贬官处理，理由是两人在修著《神宗实录》时恣意篡改事实、诋毁新法。宋哲宗提拔王安石的女婿蔡卞重修实录，并依据王安石的日录和有关记录核对，查出篡改诬陷的事实。

为了不引起太大的反对与纷争，在打击守旧派的同时，章惇等人并没有骤然恢复熙宁年间的经济政策，而是因时所需、逐步修正和实施新的经济政策。

绍圣元年（1094），依照宋神宗时的“条约”，恢复“免役法”，改定免役宽剩钱不得过一分（元丰时限二分）。同时依熙宁旧制行“保甲法”；绍圣二年（1095），恢复“青苗法”，并对内容进行必要调整；绍圣四年（1097）恢复“市易法”；元符元年（1098），章惇主持将常平、免役、农田水利、保甲等法分门别类编为一书，名为《常平免役敕令》，作为推行新法的依据颁行全国。

同时，章惇、曾布等宰执一反守旧派屈服妥协的对外政策，对西夏采取了积极的防御及开边活动。绍圣二年（1095）八月，宋朝终止与西夏订立的两国疆界的谈判，采取进筑堡寨、开疆拓土的战略，先后在泾原路、环庆路等西北沿边地区筑堡寨 50 余所，使千里之地成为阻止西夏军队入侵的纵深防御带。

元符元年（1098）冬，西夏举 30 万大军进攻平夏城，宋军在章楶率领下大败西夏军，并占据了河东路西北、陕西路横山和天都山一线的战略要地，迫使西夏在元符二年（1099）叩关求和。

宋朝在战局上扭转了被动局面，元符二年（1099），宋朝举兵攻占了吐蕃族的青唐（今青海西宁），改青唐为鄯州，改邈川（今青海乐都）为湟州。不久遭吐蕃族的反抗，宋将种朴阵亡，宋朝被迫放弃青唐地区撤退。经过几次战役，宋朝虽然在边疆战事上略有收获，但是浩大的军费开支又令财政拮据。

这时，变法派再次相互倾轧。

握有枢密院大权的曾布向宋哲宗攻击吕惠卿，致使吕惠卿不能在朝为官。不久，曾布又攻击章惇任用小人，“专恣弄权，日甚一日”。元符二年（1099），曾布指责章惇、蔡卞对保守派处理过重过严，是“报私怨”。章惇与蔡京、蔡卞也因权势之争渐生积怨。

章惇曾打算将文彦博以下派系 30 人都流放到岭外，但是，中书侍郎李清臣提出异议，认为流放累朝元老，会使舆论被动。宋哲宗听取了李清臣的意见，只处罚数人，其余不再问罪。从此，章、李不和。绍圣四年（1097），李清臣被弹劾，出知河南府。

宋哲宗亲政后，后宫也不安宁。

宋哲宗身体一直不好，少年时就有咯血等宿疾。元祐七年

(1092)，在高太后的主持下，宋哲宗被迫娶了比自己大 3 岁的孟氏，并册立为皇后，宋哲宗不喜欢却也无可奈何。高太后死后，宋哲宗得以爱己所爱，宠爱后宫的刘婕妤，而刘婕妤也不省心，恃宠成骄，不把孟皇后放在眼里。

孟皇后是高太后喜欢的人，变法派担心她涉足政治，导致守旧派卷土重来。于是，章惇等人联系刘婕妤，制造冤案，陷害孟皇后。绍圣三年（1096）九月，孟皇后被黜，出居瑶华宫。

次年，刘婕妤进封贤妃。元符二年（1099）八月，生皇子赵茂，九月晋封为皇后。不料，皇子出生不足 3 个月便夭折了。而 25 岁的宋哲宗也在元符三年（1100）正月病危，不能说话。宋哲宗没有别的皇子，继立储君再次成了宋廷大事。

宗室皇亲里，先皇宋神宗还有 5 个健在的儿子，神宗的皇后向太后坚持立第 11 子瑞王赵佶为储君。章惇以赵佶轻佻、不适合当皇帝为由，试图反对，但是，向太后声称立赵佶是宋哲宗的意思，曾布也指斥章惇，支持向太后。这样，宋哲宗死后，18 岁的赵佶当上了皇帝，是为宋徽宗。

雅怀素态，向闲中、天与风流标格。
绿锁窗前湘簟展，终日风清人寂。
玉子声乾，纹楸色净，星点连还直。
跳丸日月，算应局上销得。

——〔宋〕赵佶《念奴娇》

宋徽宗的享乐人生

元符三年（1100），宋徽宗赵佶继承帝位后，仍请向太后处理军国事。向太后在政治上倾向保守，再度起用被罢官的元祐旧臣，并恢复了孟皇后的名分，称她为元祐皇后。同时，反对新法，打击变法派，将蔡卞罢相，反对立赵佶的章惇也被罢相。

二月，守旧派韩忠彦被任命为左相，支持向太后的曾布升为右相，保守派大官僚重新得势。曾布与韩忠彦协力打击以章惇为首的变法派，又追复文彦博、司马光、吕公著、吕大防、刘挚等33人官职。

七月，向太后撤帘还政。

宋徽宗亲政后，希望调和朝中守旧派与变法派的争斗，声称元祐、绍圣的政策均有失误，下令次年改元为“建中靖国”，以示“中立”与“安定”为先的政治主张。不久，向太后去世，守旧派失去政治靠山。变法派则打出“子承父业”的旗号，宋徽宗的政策再次转向，宣布次年改年号为“崇宁”，以示尊崇神宗新法之意，再行新法。

在宋神宗执政之前，也就是王安石变法之前，宋朝的统治集团内部实施的是“异论相搅”政策，即朝堂上下士大夫之间若有不同政见是可以自由表达的。但是，自从变法政策推行之始，王安石和宋神宗便对变法的反对、批评者给予毫不留情的打击。到了宋徽宗时期，虽然赵佶希望保持“中立”，但是，作为一国之君，宋徽宗缺乏担当和中正的判别能力，不能别轻重、赏罚明，却在残酷的派系斗争之中，成为推波助澜之人。

崇宁元年（1102）五月，变法派向守旧派发起反攻，韩忠彦被罢相，七月，他的政敌蔡京升任左相。

蔡京是个投机政客。在宋神宗时期，他投靠变法派，元祐时期投靠司马光，绍圣年间又支持章惇全面恢复新法。后来受到守旧派攻击而被夺职，贬居杭州。为了重返政治中心，蔡京结交了为宋徽宗收集书画的宦官童贯，讨得童贯的欢心。时人称赞蔡京的书法“冠绝一时”，造诣不亚于北宋的书法“四大家”——蔡襄、苏轼、黄庭坚、米芾。童贯将蔡京所书、画的屏幛、扇带等送往宫中，得到宋徽宗赏识，不久入京为相。

蔡京当政后，又打起了变法的大旗，声称不仅恢复新法，还要完成神宗未竟的改革之事。为巩固地位、便于专权，蔡京奏请宋徽宗设立“部省讲议司”，地位和作用等同于王安石变法时期设置的“制置三司条例司”，由此将朝中官吏任免权、财政的收支权以及宗室事务管理权收归讲议司，相关事务均需先由“部省讲议司”决定，再奏请宋徽宗批准。同时，任命心腹吴居厚、王汉之等人入职讲议司，彻底控制朝权。随后，蔡京进一步打击守旧派，重开党争之祸。

八月，蔡京把文彦博、苏轼等 120 人定为元祐奸党，由宋徽宗亲笔抄录姓名，刻石于皇宫的端礼门，称为“党人碑”。其中已死的人追贬官职，未死的人流放边远地区。将元符三年向太后执政时期，主张维持新法与废罢新法的官僚分正、邪两大类记录在案，其中只有 41 人为正类，另有 500 余人被定为“邪类”，降官责罚。

在蔡京等人掀起的这场政治迫害事件中，吏部尚书赵挺之因不遗余力打击元祐诸臣而得势并晋升为右丞。赵挺之是女诗人李清照的公公，而李清照的父亲李格非则在这场政治迫害中被列为元祐党人被罢官。为此，李清照曾寄希望于公公出手保护父亲却未能如愿，于是写下“炙手可热心可寒”的诗句，称赵挺之权势越重，自己心越寒，以表达对朝廷迫害元祐党人的不满。

诗人的不满情绪既未影响赵挺之的仕途，也未能阻止宋徽宗的决定。崇宁三年（1104），蔡京与宋徽宗又重定元祐及元符党人，与上述“邪类”合为一籍，重新确定 300 余人，以司马光为首，再被刻石于朝堂。其中许多人是当时的学术泰斗或文坛领袖，他们的作品也因此遭到禁绝销毁。宋徽宗发布了一系列诏令，凡是苏轼的作品，无论附录在何处，都要全部销毁，苏洵、苏轼、苏辙父子三人及苏门学士黄庭坚、张耒、晁补之、秦观以及马涓等人的文集也同遭厄运。司马光的《资治通鉴》也险些被焚毁，只因宋徽宗的父亲宋神宗曾为该书写了序文，才得以幸免，后世才有机会读到这部历史巨著。

从前的党派之争终归还是源于政见分歧。然而，蔡京当政之后，朋党之争完全变了味，是非淆乱已无从辨别，不谈公道、不讲全局，打击范围不断扩大，包括李清臣、王安石的弟子陆佃等许多变法派人物也都被打入元祐党人籍，甚至连变法派骨干章惇也被视为“党人”，屡遭打击。原因只有一个，那就是得罪了蔡京。

蔡京能够操纵国柄，是因为他懂得迎合之道。只要是宋徽宗所需要的，他一定想方设法办到。那么，宋徽宗需要什么呢？他只要享乐人生。

宋徽宗是历史上有名的风流天子，即位前就喜欢读书学画，嗜好古器、山石，音乐诗词、声色犬马都很在行。后人称之“诸事皆能，独不能为君耳”。

崇宁元年（1102）三月，宋徽宗命宦官童贯在苏州、杭州设置造作局，大量收集动物牙、角、犀与植物竹、木藤及金银玉物等各种珍稀贵重原料，专门为他打造各类高级工艺品。每天动用工匠达数千人，强行向百姓征收所用原料费用。蔡京看透了宋徽宗的这些嗜好，时时逢迎蛊惑，曲解《周易》中“丰。亨。王假之”“有大而能谦必豫”等卦辞，鼓吹君王应该在太平盛世之时尽情享受、安心享乐。

崇宁三年（1104）八月，宋徽宗在翰林图画院设立了书法科，下令编纂《宣和书谱》《宣和画谱》《宣和博古图》等书画图集，设立大晟府制作雅乐等。次年，宋徽宗又令朱勔在苏州设立应奉局，专门从东南各地的民间搜括奇花异石，装船运往京城，每十船为一纲，称为“花石纲”。两浙百姓受害最烈，江南、湖南、福建甚至两广、四川等地百姓均未逃过搜刮之苦。整个花石纲为害东南20年，民财为之耗尽。

在宋徽宗陶醉于奇珍异玩之际，蔡京则打着恢复新法的名义，对百姓变本加厉地搜刮，不断增加各种名目的雇役钱，任意勒索。崇宁五年（1106）正月，适逢彗星出现，宋徽宗极为惊恐，以为是上天发怒。在大臣的劝说下，宋徽宗派人拆毁了元祐党籍碑，党禁风有所松动。宋徽宗下令将尚书左仆射蔡京罢为开府仪同三司、中太一宫使，任命赵挺之为尚书右仆射兼中书侍郎。但是一年后，即大观元年（1107）正月，宋徽宗再度任用蔡京为宰相。对宋徽宗来说，身边的人用来用去，还是蔡京最合他心意。

在徽宗一朝，蔡京四度为相，长达17年之久。蔡攸、蔡儵、蔡行等子孙10人也相继入朝，官至大学士等要职，姻亲宋乔年、胡师文等人也得鸡犬升天。蔡京与童贯、王黼、梁师成、朱勔、李彦等人相互勾结，结成死党，左右朝政，被时人称为“六贼”。高俅、杨戬、李邦彦等奸谀之臣，都与蔡京相结，势力盘根错节。

蔡京的口号是“不患无财，患不能理财”，专向民间搜括财富。茶税和盐税一向是朝廷的税收重头，蔡京便在这上面大做文章。恢复旧时的《榷茶法》，加重对园户的剥削。到政和元年(1111)，朝廷一年的茶税收入就达400余万贯，而真宗时期只有33万余贯。

另外，蔡京还改变《盐钞法》，允许商人任意出钱买盐钞，凭盐钞去产地领盐，再到指定的州县贩卖。但是，蔡京的钞法总是随时更改，商人刚出钱买钞，还未来得及领盐，钞法就变了，致使一些商人手中数十万券盐钞瞬间废弃，商人破产自杀。蔡京极力满足宋徽宗的各种荒唐需求，同时怂恿宋徽宗以继承新法为旗号，滥立名目，任意搜刮。蔡京有时甚至假托御笔胡作非为。

见到盐钞、茶税的银两源源不断流入朝廷，宋徽宗更加赏识蔡京。却不知，地方官吏四处抢掠民田，各地仓储钱谷都被搜罗一空，尽归国库。贪官污吏横行，百姓苦不堪言。

随着蔡京权势的膨胀，其擅权误国的罪恶不但引起了大臣们的强烈不满与公开反对，也令宋徽宗心怀顾忌。大观三年（1109）六月，宋徽宗再次罢免蔡京尚书左仆射的职务。但蔡京仍然住在京城，继续作威作福。不久又恢复相位。

从政和元年（1111）开始，宋徽宗又开始尊崇道教，而且渐入迷狂。他自称“神霄帝君”，授意道箓院册封他为“教主道君皇帝”，以至民间多以“道君皇帝”称宋徽宗。宋徽宗把道教推奉到第一崇高的地位，在朝中置宫观官、设道职，搜求经典、信任道士。宋徽宗宠信的道士有王老志、王仔昔、林灵素等人。其中，林灵素恃宠骄横，甚至与太子争宠，最终惹怒宋徽宗而被赐死。

政和四年（1114）正月，宋徽宗下令置道阶二十六级、道官二十六等；政和六年（1116），又下令立道学、修《道史》，由此促进了道教的兴盛和发展。蔡京对宋徽宗说："陛下当享太平之奉。"于是，在蔡京的鼓动下，宋徽宗大兴土木，其中新延福宫和人造山艮岳规模巨大，荟萃天下奇花异石，耗财无数。蔡京的儿子蔡攸也对宋徽宗说："人主当以四海为家，太平为娱。岁月能几何？岂可徒自劳苦。"宋徽宗在奸佞之臣的颂谀声中忘乎所以，相信自己创造了一个繁荣似锦的太平盛世，尽可享乐人生。每到节日，宋徽宗聚集百官，纵情享乐。在其生日之时，全国各地官府还要贡献大宗礼物，贡品有太湖的石头，两浙的花木竹子，福建的荔枝、龙眼、橄榄，海南的椰子，登、莱、沂、淄（今山东半岛地区）的海味、文石等。这些贡物，动辄数十船，渡江越海，甚至一路拆毁桥梁、凿开城墙，才能运至京师。

即位以来，宋徽宗的政治才能纹丝不见，艺术造诣却登峰造极。政和八年（1118），宋徽宗在书法方面再显非凡的艺术才能，独创出"瘦金体"，瘦挺爽利，侧锋如兰竹，与他的工笔重彩画相映成趣。

遗憾的是，多才多艺的宋徽宗尸位素餐，毫无一国之君的担当。而再度复相的蔡京权势更盛，紧紧抓住手中权柄，对宋朝进行着腐朽的统治。蔡京还率意自用，改变官制名称。先是更改开封府臣为尹、牧，府分六曹，县分六案。接着，修改六尚局，建立三卫郎；又更两省之长为左辅、右弼等等，改尚书左仆射为太宰，尚书右仆射为少宰，自称“公相”总治中书、门下、尚书三省。使宋朝的官名更加混乱，官员更为冗滥。

蔡京擅权时期，在对外政策上采取强硬态度，一改宋朝对外忍让妥协的政策路线。崇宁二年至三年（1103—1104），朝廷派遣将领王厚统兵，先后占领吐蕃湟、鄯、廓（今青海尖扎北）等州，瓦解了当地吐蕃政权。随后，蔡京强令王厚招诱西夏卓罗右厢监军仁多保忠，双方用兵三年，互有胜负。

政和四年（1114），西夏进攻环庆路，宋朝以宦官童贯为陕西经略使，战事再起。此后，宋军与西夏多次发生大规模战斗，胜负相当。宣和六年（1124）西夏为战争所困，双方遂讲和休兵。

宣和二年（1120），蔡京专政再度引起公愤，被罢官，他的同党“六贼”之一王黼拜相。王黼上台后，继续疯狂搜刮民财，置应奉局，自兼提领，拼命搜刮四方珍异之物，进献给宫中的不到十分之一，其余的均占为已有。受贿卖官更是明码标价。

宣和六年（1124），在“六贼”之一朱勔的援引下，蔡京第四次入相。宋朝规定，70岁为退休年龄，若“文武官年七十以上不自请致仕者，许御史台纠核以闻”。同时也规定，不到70岁的官员，如果“昏老不胜其任，亦奏请之”。只有少数重臣、勋贤例外，超龄了还可以留任或退休后在朝廷需要时复出任职。但是，此时的蔡京已经78岁，两眼昏花不能视事，完全应该是退休的年龄。只是那强烈的权力欲让他致死不肯放手，自己不能处理政务，就让小儿子蔡绦代办。

此时的宋朝廷，在经历几次对外征战之后，宋徽宗与朝臣们皆以为国威传播遐迩、震慑夷狄，所以自我感觉越来越好。事实上，大宋王朝政治陷入黑暗期，国库也愈加空虚，社会生产在遭到严重的破坏后并未得到有效修复。越来越多的农民倾家荡产，走投无路，被迫起义。当各地农民起义此起彼伏之时，宋徽宗并未重视，也不曾深入思考统治危机产生的原因。相反，君臣们沉浸在“朝野无事，日惟讲礼、庆祥瑞，可谓升平极盛之际”的假象中。

天南地北，问乾坤何处，可容狂客。借得山东烟水寨，来买凤城春色。翠袖围香，鲛绡笼玉，一笑千金值。神仙体态，薄幸如何销得。

——〔明〕施耐庵《念奴娇》

宋江、方腊起义

宣和元年（1119），以宋江为首领的农民起义震动了宋王朝。我国古典名著《水浒传》描写了这次起义，但更多的是艺术虚构。历史上确有宋江起义其人其事，不过，正史对此没有详细记载。

因为连年的黄河水患，京东地区（包括今河南东部、江苏北部及山东）形成了大面积的退滩地。著名的梁山泊就是因为黄河决口而留下的一个方圆八百里的泽国，济州（今山东济宁）、郓州（山东东平）一带的许多农民都依靠梁山泊的鱼、蒲等水产为生。政和年间，宋徽宗任用宦官杨戬设置“西城括田所”，将这种因水患形成的退滩地强行括入“公田”，其中也包括梁山泊。

西城括田所对湖上渔户依“保甲法”进行编制，在渔船上刻立标志，渔民进入梁山泊捕鱼、采摘莲藕一律按船只大小纳税。私自捕鱼、采蒲者以盗贼治罪，杨戬还令靠近梁山泊的州县在常赋之外，再增加捕捞水产的租钱10余万贯，遇天灾之年常赋可免，租钱不减。

西城括田所的横征暴敛，令黄河水患地区的百姓无以谋生。重和元年（1118），河北、京东地区遭受严重水灾，流离失所的农民越来越多，社会矛盾也进一步加剧。宣和元年（1119），宋江等36人在河北起义。

起初，起义军活动于青州（今山东青州）、齐州（今山东济南）、濮州（今山东鄄城北）、郓州（今山东东平）之间，流动作战，劫掠不义之财。当年十二月，宋朝廷曾试图招安宋江起义军，但是没有成功。

宋江起义未平，宣和二年（1120）十月，浙江又爆发了以方腊为首的农民起义。

两浙路一直是北宋经济最发达的地区，是财赋重地。朱勔在苏杭设置造作局之后，以供奉花石纲为名，横征暴敛，巧取豪夺，两浙民众苦不堪言。青溪的帮源洞也深受搜刮之苦。

帮源洞有一个漆园，业主就是方腊。因为不堪忍受造作局的威逼勒索，方腊利用民间秘密宗教，以诛杀朱勔为号召，组织农民起义。

十月，方腊自称圣公，建元永乐，设官封将，在当地建立了农民政权。方腊起义得到了两浙民众响应，起义军从千余人迅速发展到10万之众，并很快攻占了青溪县城。

两浙路提点刑狱张苑急报朝廷，宰相王黼不以为然。方腊起义军攻占睦州、歙州、杭州之后，声威大震，各地农民蜂拥投靠。

起义军的骤然兴起，切断了宋王朝的经济命脉，宋朝廷为之震惊，于是派遣知枢密院事童贯、谭稹挂帅，由王禀、刘镇率数10万大军南下镇压。

宣和二年（1120），宋江起义军也从京东西路进攻到东路。一路横行，宋朝官军数万，没有人敢抵抗。亳州知府侯蒙上书，建议招降宋江，派去镇压方腊。宋徽宗即令侯蒙前去招降，但是侯蒙不久病死。

宋江起义军继续在濮州、单州、齐州、青州等地活动。方腊起义军则南下攻占了婺州、衢州和处州等地。

二月，宋军包围杭州，方腊起义军苦战守城，后因粮尽援绝退出杭州。当月，宋江起义军转战海州，夺取官军巨舰数艘之后，形势发生了变化。宋徽宗命海州知州张叔夜出兵镇压、招降宋江起义军。张叔夜派人混入起义军内部，侦察动向，得知起义军得大船10余艘，装载货物，随即派兵在城郊设伏，并派少量宋军引诱起义军在海边作战，乘机放火焚烧船只。宋江起义军弃船登岸追杀，被伏兵团团围困，宋江副将被擒，大部分起义军在宋江率领下接受宋朝招安，起义失败。

四月十九日，方腊起义军在宋军的强势围攻下退守帮源峒。王禀、刘镇等各部宋军会合，向起义军发起总攻。起义军腹背受敌，奋力抵抗，7万余人阵亡。方腊及其妻邵氏、子方亳、丞相方肥等30余人被俘，解往汴京，八月被处死。但是在《续资治通鉴》记载，方腊起义军在“破六州、五十二县”之际，“戕平民二百万”。

方腊被俘后，起义军余部继续转战浙东各地。六月，宋江受降后随童贯南下镇压方腊余部起义。直到宣和四年（1122）三月，方腊起义军才被彻底镇压。童贯在镇压方腊起义的过程中，纵容官兵对俘虏的义军及其家属进行了惨绝人寰的血腥屠杀，死者无数。另有史料记载，同年夏天，宋军班师回京途中，宋将折可存接到御旨“捕草寇宋江”，宋江因此落了个兔死狗烹的可悲下场。

宋朝军队在镇压国内起义时表现得如狼似虎、威猛无比，所到之处常常留下一路哭声、满载而归。宋徽宗相信，有这样的军队宋朝的威望足以威震四方。

然而，随后的日子里，宋军在应对东北地区女真族的挑战时却露出另一副面目，宋王朝也因此遭到了灭顶之灾。

寒山几堵，风低削碎中原路。秋空一碧无古今。醉袒貂裘，略记寻呼处。

——〔清〕陈维崧《醉落魄·咏鹰》

海上之盟

12 世纪，位于黑龙江和松花江流域的女真族迅速崛起。女真族是中国东北地区一个历史悠久的少数民族，其族源可以追溯到先秦的“肃慎”，至辽朝建国后才被称为“女真”。

生活在东北南部辽阳一带的女真族被称为“熟女真”，生活在松花江以北、宁江州（今吉林扶余东）以东的女真族被称为“生女真”。“熟女真”已成为辽朝的编民，而“生女真”只是辽朝的属部，每年向辽朝交纳贡品，并与辽朝人开展马匹、皮毛贸易，生活习俗上仍保持着自己的游猎特色。

活动在按出虎水（今黑龙江阿什河）的“生女真”完颜部，日渐强盛，并且联合诸部，组成统一的部落联盟。政和五年(1115)，完颜部首领完颜阿骨打（又名完颜旻）正式称帝，是为金太祖，改元“收国”，建立“大金国”。随着国力逐渐强盛，阿骨打不甘心再当辽朝的随从部落。而辽朝也派兵前来镇压金军，阿骨打率部奋起抗辽，大败辽军，随即向辽朝发起进攻。

政和五年（1115）九月，阿骨打攻占辽朝在东北的重镇黄龙府（今吉林农安），辽朝天祚帝闻讯亲率十万军队反攻金军，阿骨打以两万兵力大获全胜。次年，阿骨打攻占了辽朝东京辽阳府（今辽宁辽阳），改年号“天辅”。此后，连年对辽作战，不断取得胜利。

此时的辽朝，因为政治腐败、皇族长期内斗，统治已经岌岌可危。

大金国的建立和扩张，打破了原来宋、辽、夏三国鼎立的格局。辽朝在金兵的打击下一蹶不振。在这种情形下，宋徽宗、蔡京等人认为，与金国联盟攻辽，就可以收取燕云十六州。

重和元年（1118）二月，宋朝派遣武义大夫、登州防御使马政等人取道海路首次出使金朝，商议夹攻辽朝之事。次年正月，金朝遣渤海人李善庆、熟女真人小散多、生女真人浡达，持国书回访宋朝。

经过反复商议，宣和二年（1120）宋、金订立“海上盟约”。宋与金结盟，相约共同灭辽，金取辽中京大定府（今内蒙古宁城），宋取辽燕京析津府（今北京西南），灭辽以后，宋将原输辽“岁币”转送给金。由于宋金使臣往返渡海，史称“海上之盟”。

“海上盟约”签订后，从宣和三年（1121）十一月开始，金朝对辽国展开新的猛烈攻势，并神速攻占辽国的绝大部分领土。宋朝也在河北地区集结军队，准备攻辽。就在此时，方腊在两浙地区发动农民起义，宋徽宗即调原拟攻辽的童贯军队火速南下镇压，没有按约如期出兵攻辽。同时，海上之盟订立后，宋徽宗又开始担心辽朝用兵报复自己，所以对联合金国攻辽之事举棋不定，使金朝十分不满。

宣和四年（1122）三月，金朝攻占辽中京大定府，辽帝耶律延禧向西逃到辽西京大同府（今山西大同），留下皇族耶律淳镇守燕京。金兵紧追辽帝耶律延禧不放，辽军屡战屡败，节节退缩，最终退入沙漠。而留在燕京的辽皇族耶律淳则自立为帝，号称“北辽”。辽朝内部分崩离析，加上金朝的追击，辽在长城以北已无立足之地，辽朝的败亡已不可逆转。

这时，宋江、方腊起义已被平定。宋朝认为此时正是进攻燕京的好时机，加上金朝的一再催促，四月，宋徽宗派童贯、蔡攸率十万大军向燕京地区进发。

童贯、蔡攸以为燕京只是辽朝的残余势力，不堪一击，因此对北伐辽朝、尽复燕京之地充满了自信。结果，双方交战后才发现，宋朝边疆驻军战备松弛，毫无作战能力，在燕京辽兵的阻击下，宋兵大败，损失惨重，宋徽宗急忙下令撤军。

耶律淳打退宋军后不久病故。辽朝政权再度自相残杀。形势的变化使宋朝认为有机可乘。九月，辽朝涿州守将郭药师眼见辽朝朝不保夕，率部 8000 人投降了宋朝。宋徽宗大喜过望，如此不费一兵一卒坐得涿州、易州两座城池，燕京周围的防御也大为削弱。于是，宋徽宗加封郭药师为恩州观察使，同时命童贯、蔡攸集结兵力，以河阳三城节度使刘延庆为主将，率兵 20 万进攻辽朝燕京地区。

十月，兵马未动，宋徽宗已经忘乎所以，先改燕京为燕山府，随后又对涿、易等八州赐名改称，俨然一切尽在掌握之中。

然而，主将刘延庆对战胜辽朝根本没有信心。加之，宋军纪律废弛，兵至燕京附近的良乡，初遇辽兵阻击即溃败。郭药师随后请战，攻入燕京城，力战辽军。刘延庆却毫无斗志，势头稍显不利，就自烧营帐，狼狈逃遁。辽兵乘势追击，宋军大败。

宋朝军队毫无战斗力，两次攻辽失败，只能坐等金军收复燕京。

宣和四年（1122）十二月，金太祖完颜阿骨打亲率金军，由古北口、南暗口、居庸关三路越过长城，攻占了燕京。宣和五年（1123）五月，辽朝天祚帝投奔西夏。金朝立即向西夏施加压力，天祚帝只得继续流窜。

金攻克燕京后，见宋朝软弱无能，便不打算将燕京交给宋朝。经过讨价还价，宣和五年（1123）四月，金朝只答应把燕京及其所属的6州24县交给宋朝，宋朝把原来给辽朝的每年50万岁币转给金，另加100万贯代税钱，同时这6州24县的赋税也要如数缴给金朝。金朝撤军前，对燕京大肆洗掠，将富户、财物、人口席卷而去，童贯和蔡攸接收的只是一座空城和蓟（今天津蓟州区）、景（今河北遵化）、檀（今北京密云）、顺（今北京顺义）、涿、易六州，其中涿、易两州还是主动降宋的。

宋金海上之盟中也涉及辽西京大同府及辖武州（今山西神池

东北）、应州（今山西应县）、朔州（今山西朔州朔城区）、蔚州（今河北蔚县）等州的归属问题，阿骨打要求以 20 万两犒军费作为交换条件。八月，阿骨打去世，弟完颜晟即位，是为金太宗。完颜晟即位后，决定废止与宋朝的协议，拒绝归还辽西京。

宣和六年（1124），金与西夏议和，西夏向金称臣。宣和七年（1125），天祚帝在应州西余睹谷被俘，辽朝就此灭亡。

辽灭亡后，金朝已无后顾之忧。在攻打燕京和宋、金交涉燕京归属的过程中，宋朝的政治腐败和军事无能已充分暴露出来。因此，金朝在得势之后，自然地将军事打击目标瞄准了宋朝。

长江千里，烟淡水云阔。歌沉玉树，古寺空有疏钟发。六代兴亡如梦，苒苒惊时月。兵戈凌灭。豪华销尽，几见银蟾自圆缺。

——〔宋〕李纲《六么令·次韵和贺方回金陵怀古鄱阳席上作》

开封保卫战

宣和七年（1125）十一月，金太宗完颜晟下诏伐宋。金军兵分两路，大举南下。一路由金太祖的第二子完颜宗翰率领，进取太原；一路由金太祖的堂兄弟完颜宗望率领，进取燕京。两路金兵计划在宋朝都城东京会合。

此前，宋朝廷已经得知金军将伐宋的消息，因此派童贯赴太原，宣抚河北、燕山。童贯立刻派马扩、辛兴宗出使金朝，试图缓和局势。但是，金朝要求宋割让河东、河北两地才肯罢休，童贯不知所措，逃回开封。

十二月，金将完颜宗望率军侵入宋境，连克檀州、蓟州，宣抚使蔡靖命郭药师、张令徽、刘舜仁领兵4.5万人迎战，结果败于白河（今潮白河上游）。金兵进至燕山，郭药师拘捕了蔡靖等燕山府官员，献城投降。宋燕山府及所属州县均陷于金。

随后，金兵以郭药师为向导，长驱南下，渡过黄河，直奔开封。

另一路由完颜宗翰率领的金兵抵达太原城下时，遭到王禀率领的宋朝军民的顽强抵抗，久攻不下。完颜宗翰兵分为二，一部分继续围城，一部分向东挺进，以确保会师东京。

金军分东、西两路入侵宋朝的消息传到开封后，朝中君臣顿时慌作一团。宋徽宗急忙下诏罪己，承认自己任用非人，轻信妄议等，令朝廷内外直言极谏，评论朝政得失。同时，下令罢除浙江诸路的“花石纲”，还罢除了内外制造局、“西城所”，将西城所占的土地归还原主，并罢除、裁减了大晟府、行幸局、教坊、艮岳宫等专门为宋徽宗恣意取乐服务的机构。希望以此号召各地官兵和百姓起兵“勤王”[①]，共同抵抗金兵南侵。

大敌当前，宋徽宗表面上改过自新，号召全国上下合力抗金，实际上却在做逃跑的准备。为了尽快逃脱，宋徽宗采纳了太常少卿李纲和给事中吴敏等人的建议，内禅皇位给太子赵桓。

十二月二十三日，宋徽宗假装得病，昏迷不醒，又装着苏醒过来的样子，用左手写了“皇太子可即皇帝位”等一行字，正式宣布退位。随后，25 岁的太子赵桓即位，是为宋钦宗，改下一年为“靖康元年”，宋徽宗则以“教主道君太上皇帝”之名，退居内宫。

此时，东路金兵已绕过中山府（今河北定州）南下，离开封

---

① 君主制国家中君王有难，臣下起兵救援君王（皇帝），这种行为即称为“勤王”。

只有几天的路程。

靖康元年（1126）正月，两路金军会师，兵锋已接近黄河。正月初三，金军渡过黄河南下的消息传到朝廷，太上皇赵佶与蔡攸等人慌忙出逃，一路经南京（今河南商丘）至符离（今属安徽），稍后，童贯、高俅带领扈侍卫赶到。接着，赵佶又继续南逃，直至京口（今江苏镇江）。

太上皇赵佶南逃，引动朝廷内部极大的恐慌，许多臣僚也悄悄逃离京城。同时，朝野官民纷纷揭露蔡京、童贯势力集团的祸国殃民罪行。太学生[①]学士陈东等人上书，指蔡京、王黼、童贯、梁师成、李彦、朱勔之罪，称之为“六贼”，请求把他们处死，“传首四方，以谢天下”。

宋钦宗为了平息民愤，将“六贼”或贬官流放或赐死。王黼被斩首，李彦、梁师成赐死，蔡京被贬官流放亳州，途中死于潭州（今湖南长沙市）。童贯、朱勔、蔡攸和蔡翛也被处斩。

民愤易平，金军的攻势却难阻，宋钦宗也准备逃往陕西避难，任命李纲为尚书右丞兼东京留守。李纲是主战派，当时主张宋徽宗禅位时，李纲曾刺臂血上疏：“今大敌入攻，安危存亡在呼吸之间……若能传位给皇太子，让他守卫宗庙社稷，收笼士心，誓死

① 太学，中国封建时代的教育行政机构和最高学府。魏晋至明清或设太学，或设国子学（监），或两者同时设立，名称不一，制度也有变化，但都是教授王公贵族子弟的最高学府，就学的生员皆称太学生、国子生。

抵抗敌人，天下就可以保全。而此时，见宋钦宗想逃，又上奏说：“祖宗传下来的疆土，应当以死捍卫，不能割让一尺一寸给敌人。”最终，在主战派李纲的劝说下，宋钦宗被迫决定留下来“亲征”，京城人心才得以安定下来。

宋钦宗下诏亲征，命主战派李纲为兵部侍郎、亲征行营使，吴敏为知枢密院事、亲征行营副使，开封府尹聂昌为行军参谋官。但是，宰相白时中、李邦彦等投降派坚持建议宋钦宗弃京都逃跑避难。李纲严加驳斥。宋钦宗又加封李纲为尚书右丞、东京留守，以同知枢密院李棁为副，领兵守城。既然决定亲征，宋钦宗就不再提逃走之事，而是登上城楼，以振奋军心，保卫京城。

李纲临危受命，当即组织军民全力备战。修缮楼橹，安置炮火弩石，准备了大量的砖石、檑木、火油，作为防守之具。同时在都城四面，配备禁军 1.2 万人，日夜操练。正月初八，金军兵临开封城下。当晚，金兵即以火船数十艘顺汴河而下，进攻西水门。李纲亲自临阵，经过一昼夜苦战，击退了金兵的进攻。次日，金军一次次发起进攻，遭到了守城宋军的顽强反击。战斗从早上一直持续到下午，宋军官兵杀死杀伤数千名金兵。金军强攻不下，只得退去。

接着，金朝派使臣来议和。李纲提出由他去与金人谈判，宋钦宗担心李纲态度强硬谈不拢，派遣知枢密院事李棁前往议和，并带去黄金一万两、美酒、水果等厚礼，送给完颜宗望，授权他可向金增加岁币 300 万至 500 万两，犒军费 300 万至 500 万两。

但是，完颜宗望的胃口更大，要求增加岁币 500 万两、银 5000 万两、牛马等各万匹、缎百万匹、绢帛百万匹；割让太原、中山（今河北定州）、河间三镇（称三镇，实包括其所属州县）；尊金帝为伯父；以宋亲王、宰相做人质，送金军北渡黄河，方可议和。

李棁回朝向宋钦宗报告了宗望提出的条件，宋钦宗与投降派的宰相们当即表示同意。李纲反对，并建议拖延时日，等待各路宋军来援之后再议。李纲的意见遭到大臣们的反对，李纲提出辞职，宋钦宗不许。

等到李纲巡城回来时，宋朝同意向金军投降的条件誓书已经发出，康王赵构和宰相张邦昌已经前往金营去做人质。

这时，各地勤王的宋军 20 余万陆续来援东京，而金兵不过 6 万人。完颜宗望见宋军日众，只好北撤，退守牟驼岗。

随后，李纲、种师道提出切断金军粮道，夹困金军，索回誓书，逼迫金军撤退。这时，都统制姚平仲建议，夜间袭击金营，擒拿宗望，迎回康王。宋钦宗同意了姚平仲的主张。但是，姚军未出，消息已露，金营早有提防。结果，姚平仲劫营大败。太宰兼门下侍郎李邦彦将夜袭金营失败的责任推给李纲和种师道，为了不激怒金朝，宋钦宗、李邦彦赶忙送上割让的三镇地图乞求议和，并罢免李纲，向金军谢罪。

此举在宋朝廷内外激起极大的愤慨。二月初五日，太学生陈东等率诸生数百人上书，请求罢免李邦彦，再用李纲。京城数万民众赶到宣德门声援，正遇李邦彦入朝，众人蜂拥而上痛打，李邦彦慌忙骑马而逃，数十名宦官被打死。宋钦宗被迫再度启用李纲为尚书右丞、京城四壁防御使。

李纲复职，即日下令杀敌者厚赏，将士无不为之奋勇。但是，执意议和的宋钦宗又派使臣前去金营，金军提出：必须宋帝亲自书定三镇，才可退兵。宋钦宗立即答应金军的要求，割让三镇地给金朝，送肃王赵枢去当人质，换回赵构和张邦昌，完全满足了金朝所提出的各项苛求。

金完颜宗望得到三镇后，又见宋军兵众且勇，开封城外勤王大军不断来援，所以不等宋朝廷凑足金银，便匆匆于二月初十日下令撤军。开封城的威胁暂时解除。

红楼十二春寒恻，楼角暮寒吹玉笛。
天津桥上旧曾听，三十六宫秋草碧。
昭华人去无消息。江上青山空晚色。
一声落尽短亭花，无数行人归未得。

——〔宋〕王武子《玉楼春·闻笛》

靖康之变

金军迫于形势压力，暂时从开封撤围。但是，部分西路金军仍然继续围攻太原。此时，宋朝已经下诏割让三镇给金，但太原、河间、中山三府军民不肯接受割地诏书，李纲等将领也坚持抗金，犹豫不定的宋钦宗便于靖康元年（1126）三月下诏，表示不割让三镇给金，并罢黜了主和议、极力主张割让三镇的李邦彦、李棁、郑望之等人，另派种师道、姚古、种师中解救被金军包围的太原。

种师中率军西进增援太原，在寿阳、榆次等地与金军激战。由于几路宋军不能密切配合，均被金军击败，种师中力战而亡。

这时，门下侍郎耿南仲等投降派又极力主张割让三镇给金以求和，并且极力排挤李纲。摇摆不定的宋钦宗又再次决定，以税钱代替向金割让三镇，并把主张抗金的大臣一一逐出朝廷。八月，李纲也被免职。

就在李纲被免职之时，金朝以宋废除割地和议为借口，再次命宗望、宗翰分率东、西路军第二次侵宋。

西路金军在太原遇到宋军的阻击。太原军民在知府张孝纯、副都总管王禀的率领下，坚守城垣。但是，终因外无援兵，内无粮草，九月太原被攻破。王禀受伤数十处，宁死不屈，投水自尽，张孝纯被俘投降。

十月，东路金军越过中山府转攻真定府，新任知府李邈得知金兵至，派人向京师告急，前后奏报 34 次，朝廷均无答复。李邈与守城将领坚守 40 天后城破。

随后，两路金军迅速南下。十一月，西路金军在河阳渡过黄河，南岸宋将折彦质 12 万大军再次不战而溃。东路金军也在恩州渡过黄河，向大名府挺进。

太原、真定相继失守后，宋朝未做迎敌准备。因为宋钦宗及主持朝政的唐恪、耿南仲等人仍寄希望于和议，甚至认为只要割让三镇给金，金军就会退兵。于是，宋钦宗派康王赵构、刑部尚书王云出使金营，以割让三镇求和。

但是，金军渡过黄河之后，要求划河为界，宋钦宗又立即派出执政耿南仲、聂昌分使两路金军，同意划河为界。这时，赵构一行自开封经滑州（今河南滑县）到达磁州（今河北磁县）。此前，金军于磁州遭到磁州知州宗泽将军的抵抗，未能破城而径直渡河南下。当地民众对金人恨之入骨，王云到达磁州后，民众认定他是金朝奸细，挟持赵构去金朝，愤怒而起将他打死。在宗泽的劝阻下，赵构留在了磁州，后转留相州（今河南安阳）。赵构也未曾想到，这一次意外逗留，为他留出个宋朝半壁江山。不久，耿南仲来到卫州，遇到当地乡兵的追杀，耿南仲便前往相州去见赵构；聂昌赶到绛州时也被守军所杀。因此，三路求和使者均未完成使命。

此时，金将宗翰、宗望加快了南侵步伐，向开封进军。消息传来，宋钦宗吓得六神无主，急召李纲进京保卫开封府，无奈李纲鞭长莫及，他还在返京途中，东京就已陷落。宋钦宗还派人持蜡书到相州，封康王赵构为兵马大元帅，命其与河北守将火速率军回援开封，又下诏令各路勤王兵赶来救援，然而为时已晚。

闰十一月二十五日，东路金军到达开封城下。几天后，西路金军亦到达，两路金军包围了开封城。

此时，朝中主战派已被排挤净尽，剩下只能守成的文臣士大夫们又完全缺乏应付变局的能力。宋钦宗更不懂得如何组织民众抗击，反而病急乱投医，与宰相何栗、大臣孙傅等人一样，听信术士郭京的胡说八道，用临时招募来的游手好闲之徒，组成7777名所谓“六甲神兵”出宣化门攻打金军，结果，“神兵”一触即溃，郭京借口城下作法逃出城门，金兵乘机登上开封城城墙，攻占了开封外城。

但是，开封军民不肯投降，积极备战街巷。金军纵火焚城，百姓蜂拥抵抗，金兵惊立城上，不敢进占全城，于是又提出“和议”。

闰十一月三十日，金军要求见宋徽宗赵佶[①]，宋钦宗赵桓自行前往，被金军扣留三天。十二月初二日，宋钦宗在青城斋宫向金军二帅献上降表后被放回。

接着，金军入城，搜括宋朝国库与民间所有金银财物，发掘宗室、国戚、宦官、僧道等家室藏金，拘收文籍，把92个内藏库中170年来积攒的金银锦绮宝货全部查封。又强索皇帝宝玺、仪仗、天下州府图及珍宝古器，掳走百工、技艺、后妃等。此外，金军还索取贡女3000人给金太宗，以及犒赏金军的少女1500名。

靖康二年（1127）正月初十，金军囚禁了宋钦宗赵桓与亲王、宰执大臣。二月初六日，金朝下诏：废宋徽宗赵佶、宋钦宗赵桓为庶人。次日，皇太子、全部皇室宗族也被拘捕、押往金营。

三月初七日，做过两个月宰相的张邦昌被金朝册封为中原皇帝，国号“大楚”，与金以黄河为界。

四月初一日，金军焚烧了开封城，押着大批俘虏和战利品北撤。宋徽宗、宋钦宗及宋朝后妃、宗室、官员共3000多人，被一同俘虏北去[②]，押解至五国城（今黑龙江依兰县）。

北宋王朝随之灭亡，史称“靖康之变”。

---

① 太上皇赵佶在宗望退兵后，于靖康元年四月返回开封。

② 俘往金朝后，赵佶被封为昏德公，赵桓被封为重昏侯。他们的后妃300余人没为奴婢，为金人洗衣，其他妇女被分配给金军作性奴，男子则服苦役。

宋钦宗在沦为阶下囚之后，自知“乡关归路难”，悲吟道：

历代恢文偃武，四方晏粲无虞。

奸臣招致北匈奴。边境年年侵侮。

一旦金汤失守，万邦不救銮舆。

我今父子在穹庐。壮士忠臣何处。

可见，这位亡国之君在葬送赵宋150年基业之后，全然不觉自己有错，将问题归于“奸臣招致”，而国破家亡则因朝中无“壮士忠臣”。

谁云渔父是愚翁。

一叶浮家万虑空。

轻破浪，细迎风。

睡起篷窗日正中。

——〔宋〕赵构《渔父词》

坐享半壁江山

金军原想俘虏赵氏全部宗室成员，消灭赵宋政权，再设傀儡政权统治黄河以南地区。但是，宋朝嫡亲宗室中仍有宋徽宗赵佶的第九子康王赵构和宋哲宗赵煦的废后孟氏幸免于难。

当年，被宋哲宗所废的孟皇后因获垂帘听政的向太后眷遇而复立为“元祐皇后”，位居刘皇后之上。后来向太后病逝，宋徽宗赵佶重用蔡京，孟皇后再度被废，重居瑶华宫。这次被废却使孟皇后因祸得福，逃过了金兵的俘捉。

靖康二年（1127）四月，金兵撤军北去之后，“大楚”的傀儡皇帝张邦昌也坐不住了，京城内外都拒绝接受张邦昌的大楚政令，并施加压力，要他归还政权给赵氏。张邦昌孤立无援，最终请出未被金军掳走的孟皇后，请她垂帘听政，自己退位称太宰。“大楚”政权历时仅 32 天就结束了。

孟皇后当政后，即派遣侄子、卫尉少卿孟忠厚持手书赴济州，请康王赵构继承皇位。张邦昌也率开封的百官上表劝进，请赵构即皇帝位。赵构自从被宗泽劝阻留在磁州转至相州之后，宋钦宗又任命赵构为天下兵马大元帅，令其率河北兵马援救京师，但赵构只留下宗泽带部分兵力南下勤王，自己却一路逃避到济州（今山东济宁）。在等到孟皇后的手书之后，赵构遂以鄜延路副总管刘光世为五军都提举，从济州动身，到达南京应天府（今河南商丘睢阳区）。随后，张邦昌也从开封来到应天府，向赵构当面请罪。

五月初一日，宋徽宗赵佶的第九子赵构在南京应天府即皇帝位，是为宋高宗，改年号为“建炎”，寓“火克金”之意。后来，赵构把宋朝都城迁至临安（今浙江杭州），史称“南宋”，从前建都于开封的宋朝便被称为“北宋”。

赵构称帝后，任命黄潜善为中书侍郎，汪伯彦同知枢密院事，又分别兼任统兵的御营使和副使，掌握军政大权。黄潜善、汪伯彦都是投降派的代表人物。封张邦昌为太保、郡王，并参决大事。任命深孚众望的李纲为相，以宗泽知开封府，领兵进驻东京。李纲、宗泽是当时抗战派的主要代表。尊孟皇后为“元祐太后”，再改“隆祐太后”。

由于刚刚战败，南宋王朝国力尚弱，百废待兴。自北宋遗留的臃肿的官僚机构难以维持，因此，宋高宗首先裁并中央机构，将中书、门下二省合并为中书门下省，不设三省长官，由宰执领三省事；六部的司级机构以及省、部、寺、监的规模也大大缩小，大量裁员，有的不及北宋之半。机构裁并后，节省了开支，提高了效率，为维持南宋的半壁江山起了一定的作用。

但是，南渡后宋朝廷失去了一半以上的州郡，税赋征收成为难题。为了解决财政税收难题，宋高宗决定提高市舶司地位，他说："市舶之利最厚，若措置合宜，所得动以百万计，岂不胜取之于民！朕所以留意如此，庶几可以宽民力尔。"自北宋以来，宋朝廷一直重视海上贸易，注重与周边国家的贸易往来。当统治中心南移、人口也大量南迁之后，东南地区经济随之增长，东南沿海向海洋经济发展的趋势更加积极起来。为此朝廷沿用了北宋时期在广州、泉州、明州设置市舶司之外，增设了两浙、福建、广南三路市舶司，同时在温州也设立市舶司，并制定了市舶条法，抽取对外贸货物10%的商税。同时将招商引资工作作为官员考核的标准之一，即"闽广舶务监官抽买乳香，每及一百万两，转一官"。为了鼓励商人也积极参与吸引外商的工作中，南宋朝廷还规定："诸市舶纲首（即船长）能招诱舶舟，抽解物货，累价及五万、十万贯者，补官有差。"在相关政策的推动下，绍兴二十九年（1159）市舶司的年税收入增加到了200万贯，而北宋仁宗时期仅为53万贯。据南宋《诸蕃志》记载，宋高宗时期，到泉州从事贸易活动的外商来自世界50多个国家。

只是，海上贸易的发展并未解除金朝对南宋半壁江山的威胁。如何对待金朝，是抗战还是投降，依然是南宋王朝内部最尖锐的焦点。

六月，李纲入朝，主张罢和议，积极备战，严明军纪，改革朝政，并请严厉惩处张邦昌为首的降金官员，张邦昌随后被贬往潭州（今湖南长沙）。

李纲随即进行抗金部署，以张所为河北招抚使，傅亮为河东经制使，招抚河北、河东地区抗金义军，着手恢复中原防务。不久后，南宋政府募集的总兵力已经多达百万人，其中有新置水军将领 77 名。此外，宗泽积极营建开封的防务，仅用四五个月的时间，就在开封建立起一个坚固的防御体系，社会秩序也得以稳定。经过主战派的苦心经营，宋朝兵势复振，形势略有好转。

宋高宗虽然重用李纲、宗泽等主战派，积极整饬军备，扩充军队，但是，他与汪伯彦、黄潜善等人一样，幻想用妥协投降的办法换取金对南宋政权的承认。南宋建立后，宋高宗不断派使者，以迎回宋徽宗、宋钦宗二帝为借口，向金朝进献金银财宝以示讨好。

宋高宗与其父兄一样惧怕同金朝打仗，不仅不敢返回开封，还召集河北等五路兵马撤往应天府，以保卫南宋朝廷。黄潜善、汪伯彦强烈要求撤销招抚司和经制司，避免向金军挑战，主张放弃都城开封，放弃中原，继续南逃，把都城迁至有长江之险的建康府（今江苏南京市）。

七月，宋高宗决定南逃。李纲坚决反对，宋高宗只好勉强先将孟太后等人送过江南，并表示："朕当与卿等独留中原，训练将士，益聚兵马。”

八月，李纲升任左相，黄潜善替补为右相，汪伯彦升任知枢密院事。这时，黄潜善唆使御史张浚弹劾李纲，攻击李纲反驳投降言论是“杜绝言路”，整顿朝纲是“独擅朝政”，还给李纲罗织10多个罪名，李纲愤而辞职，仅仅担任75天宰相便于八月十八日被罢官。

主战派领袖李纲的罢相激起朝野正直人士的愤慨，太学生陈东、进士欧阳澈上书，直言李纲不可罢，恢复中原，非李纲不可，黄、汪不可用，并请宋高宗还都、亲征，迎回徽、钦二帝。两人的上书触怒了宋高宗，竟不顾赵匡胤立下的祖训“不杀士大夫与上书言事人”，将陈东、欧阳澈斩于应天府东市。

李纲被逐出朝后，所有抗金兴国的措施也全部被废除。

十一月初一日，宋高宗从应天府乘船南逃，月底逃到扬州。到了扬州后，宋高宗以为自己彻底远离了金军，便开始修筑宫殿，寻欢作乐。岁末，任命黄潜善、汪伯彦为左、右相，将政事全部交给他们，同时派使臣赴金国求和，军事上不做应战的准备。

但是，中原百姓却不堪忍受金人的奴役，纷纷自发奋起抗金，保卫自己的家园。其中规模较大的抗金义军有：王彦率领的“八字军”；活动在河北、陕西一带的“红巾军”；赵邦杰、马扩为首的五马山（今河北赞皇境内）寨义军；张荣为首的“梁山泊水军”。据说，云集在开封一带的抗金义兵，有180万之众。

十二月，金朝得知宋高宗南逃的消息后，兵分三路再次南侵。

东路军由完颜宗辅、完颜宗弼[①]率领从山东渡黄河进攻开封，西路军由娄室率领进攻陕西，中路军由完颜宗翰、完颜宗辅率领直攻开封。

李纲被贬出朝，主战派只能依靠开封府尹兼东京留守宗泽抗金。面对金军的南侵，宗泽毫不退缩，一边部署东京防线，一边派人联络两河抗金义军，建立以东京为中心、两河为屏翼的抗金防线。

建炎二年（1128）正月，金军各路遭遇到宋军和义军的顽强抵抗。但是，宗泽也知道，仅靠两河及各地抗金义兵无法取得抗金战争的最终胜利。为此，宗泽上书《乞回銮疏》达 24 次，要求宋高宗返回开封，以号令抗金斗争。

五月，宗泽上书提出六月出师渡河的计划，要求高宗当机立断，回开封指挥这一北伐壮举。对此，宋高宗置若罔闻。因为对他来说，京师是否守得住已经不重要了，他关心的只是这帝位自己能否坐安稳了，而保住皇帝位的唯一办法就是不激怒金人。在这种心态下，宋高宗哪肯回銮去冒险？黄潜善、汪伯彦也嘲笑宗泽脑子有病。

宗泽的数次上书久不见回应，只能坐失渡河良机，悲愤交加，于七月与世长辞。

---

① 完颜宗弼的名字被中原人译为兀术，此人就是后人熟知的“金兀术”——金太祖完颜阿骨打的第四个儿子。

宗泽死后，宋高宗任命投降派杜充继任东京留守。杜充上任后，把宗泽的抗金设施破坏殆尽。同时对河北抗金义军采取敌视态度，义军不满杜充的倒行逆施而纷纷散去。不久，河北、京东等各地陆续陷入敌手，都城开封也成了不设防的城市。

金陵城上西楼，倚清秋。万里夕阳垂地、大江流。中原乱，簪缨散，几时收？试倩悲风吹泪、过扬州。

——〔清〕朱敦儒《相见欢》

皇帝南逃惹兵变

宋高宗主持下的南宋王朝，承袭了北宋对金的投降政策。南宋政权的软弱无能，助长了金军的气焰。特别是宗泽去世后，金朝见开封的防御设施被毁、两河义军已散，于是再度大举南侵。金军的目标很明确，就是要俘获宋高宗赵构，彻底消灭赵宋政权，扶植傀儡政权代表金朝统治中原。

建炎二年（1128）七月，完颜宗翰和完颜宗辅率兵南下，目标直指扬州。金太宗还下了一道讨伐赵构的诏令，命令金军擒拿赵构，要“穷其所往而追之”。

十月，金军两路顺利会师于濮州（今山东鄄城北）。十一月，完颜宗辅的部将金兀术攻下濮州，金军随后攻战澶渊，入山东境。

这时，宋高宗、汪伯彦、黄潜善等人正在扬州过着淫乐生活。而东京留守、开封尹杜充竟然决黄河堤，企图以大水阻挡金军西进。但是，金军并未停止入侵的脚步，而是东转攻下开德府（今河南濮阳）、滑州（今河南滑县东）、相州、淄州（今山东淄博淄川区），致使河南、陕西的州县重镇落入金军手中。

面对金军强大的攻势，宋高宗连忙派魏行可充任金国军前能问使，赴澶州向金军求和。未等魏行可赶到金营，建炎三年（1129）正月，金军已经攻陷徐州。二月，金军再陷天长军（今安徽天长），10 万宋军望风解体，楚州（今江苏淮安淮安区）告破。这时，金军距离扬州城仅有数十里的路程。

宋高宗接到金兵奔袭扬州的急报，惊恐万分，急忙带领御营都统制王渊、亲信宦官康履逃出扬州，渡江至镇江，连宰相都未及告诉。二月初四，金兵进入扬州，没有抓到宋高宗，大肆抢掠一番，焚城撤兵。

宋高宗出逃后，宰相黄潜善、汪伯彦也仓皇南逃。逃到镇江后，宋高宗还不放心，又听从王渊的意见，逃到了有所谓“重江之阻”的杭州。

逃到杭州后，宋高宗以州府为行宫，下诏罪己，大赦天下，“放还士大夫被窜斥者”，却唯有“李纲不赦”，目的只在讨好金人。随后，迫于舆论的压力，宋高宗贬黄潜善、汪伯彦为观文殿大学士，黄潜善知江宁府（今江苏南京），汪伯彦知洪州（今江西南昌）。任命朱胜非为右相、王渊为签书枢密院事兼御营司都统制。

王渊与黄潜善、汪伯彦一样是投降派人物。在扬州大溃退时，时任御营都统制的王渊拥兵数万，却只顾逃跑，不对金军做任何抵抗，即使来袭的金军不过五六千骑而已。

另外，自建炎元年（1127）十月宋高宗留住扬州以来，以内侍省押班康履为首的宦官骄恣用事、妄作威福，引起诸将及士大夫的强烈不满。而王渊却因为与宦官勾结、主张护送宋高宗南逃镇江、杭州而备受恩宠，升任同签书枢密院事。对此，扈从统制苗傅十分妒忌，威州刺史刘正彦也因赏赐甚微而心怀不满。二人遂合谋，在杭州发动兵变。

建炎三年（1129）三月初五，苗傅、刘正彦城北桥下设伏，等王渊退朝路过，斩杀王渊。接着，苗、刘率八千禁卫兵包围康履宅第，狂杀滥捕，“凡无须者尽杀之”。随后提着王渊的首级，拥兵闯入行宫，胁迫宋高宗传位于 3 岁的皇子赵旉，请隆祐太后（即孟太后）垂帘听政。

孟太后闻讯震怒，怒斥道：“今强敌在外，让我一个妇人家在帘后抱个 3 岁小儿坐江山，何以号令天下！”但是，苗、刘二人不依不饶，拒不退兵，此时，群臣亦无人敢出面，宋高宗无奈，表示自己愿意禅位。

当天，宋高宗赵构被软禁于显忠寺。苗、刘二人以孟太后名义降赦，改元“明受”，请隆祐太后垂帘听政，尊宋高宗为“睿圣仁孝皇帝”，改显宁寺为“睿圣宫”。苗傅自封为御营使司都统制，刘正彦为副都统制。历史上称这次政变为“苗刘之变”或“明受之变”。

政变消息传出后，驻守平江府（今江苏苏州）的礼部侍郎、节制军马张浚与知江宁府（今江苏南京）、同签书枢密院事、江东安抚制置使吕颐浩决议起兵讨伐，并且得到承宣使张俊、屯守在吴江（今江苏吴江）的御营平寇左将韩世忠、殿前都指挥使刘光世的支持。各地起兵勤王，联名声讨苗、刘。

四月初一日，苗、刘得知勤王军将来，感到恐慌，在宰相朱胜非等人的督迫下，同意宋高宗赵构复位，恢复建炎年号，册立赵旉为皇太子。初三日，苗、刘率领两千名亲信士兵逃离杭州。

吕颐浩、韩世忠的军队相继入城，宋高宗罢免朱胜非，加封吕颐浩为尚书右仆射（右相）兼中书侍郎，刘光世为御营副使，韩世忠、张俊为御营左、右军都统制。随后命韩世忠追击苗、刘。五月，苗、刘两人相继被俘处死。七月，皇子赵旉病死，赵构子嗣断绝。

怒发冲冠，凭栏处、潇潇雨歇。抬望眼，仰天长啸，壮怀激烈。三十功名尘与土，八千里路云和月。莫等闲、白了少年头，空悲切。

靖康耻，犹未雪。臣子恨，何时灭。驾长车，踏破贺兰山缺。壮志饥餐胡虏肉，笑谈渴饮匈奴血。待从头、收拾旧山河，朝天阙。

——〔宋〕岳飞《满江红》

屈膝求和

建炎三年（1129）四月，宋高宗在群臣的请求下，由杭州移至江宁府，改江宁府为建康府（今江苏南京），同时升杭州为临安府。此时，江淮局势刚刚稳定。为求苟安，宋高宗决定再次对金朝献媚求和。

然而，金朝攻势不减。七月，金太宗再令金军分兵四路大举侵宋。宋高宗闻讯后，马上安排隆祐太后率领六宫逃往江西躲避，随后自己也撤离建康，逃到平江府（今江苏苏州），同时派杜时亮为“奉使大金军前使”乞和。

在求和书中，宋高宗承认金军南侵是“大国之征小邦”，还非常委屈地称宋朝如今已是“守则无人，奔则无地”，请求金给自己一条活路，并表示愿意去掉皇帝的尊号，采用金朝年号，甘作金朝的藩臣，只希望金朝不要“竭山而畋、竭泽而渔”。

宋高宗愚蠢、懦弱的哀求并未打动金人，反而使金朝更加坚定了消灭南宋的决心。

百般无奈，宋高宗急忙调遣兵力，沿长江布防。以尚书右仆射、同中书门下平章事杜充兼江、淮宣抚使，守卫建康；御营使司都统制韩世忠为浙西制置使，据守镇江（今属江苏）；御营副使刘光世为江东宣抚使，镇守太平州（今安徽当涂）、池州（今安徽池州）。

前面提到，杜充在宗泽去世后接任开封尹一职。建炎三年（1129）七月，金军大举南侵时，杜充以东京粮绝为由，逃到建康。临行时，大将岳飞曾苦谏：“中原地尺寸不可弃，今一举足，此地非我有。他日取之，非数十万众不可！”但是，杜充只顾逃命，什么也听不进去。

逃到建康之后，宋高宗不但不加责罚，还越级提升杜充为尚书右仆射、同平章事兼御营使、兼江淮宣抚使，领行营 10 万大军驻守建康，王瓔、韩世忠、刘光世等部均受其节制。

八月，金军集中兵力于江淮之间，准备渡江追击宋高宗。金兵此次南侵志在彻底消灭南宋朝廷，因此除以重兵穷追宋高宗外，听说隆祐太后在江西，又派金将拔离速率兵由黄州（今湖北黄冈）渡江追击。

从十月起，金军一路紧追不舍。途中，隆祐太后一行卫兵万人溃散，将领傅选等九人都逃去为盗，内藏库金帛丢失者数百万。次年正月，这支金军转攻湖南，不久北撤。八月，隆祐太后一行由江西回到越州（今浙江绍兴），与宋高宗会合。

金军主力由金兀术率领穷追宋高宗不止。十一月，金军一举突破了宋朝长江防线。宋朝主帅杜充酷而无谋，日事诛杀，消极防御，致使江防尽失。金军渡江后，诸将因痛恨杜充残暴而拒听命令。杜充闭门不出，继则仓皇出逃，退往真州（今江苏仪征），丢弃建康城，守将陈邦光、户部尚书李棁出城迎降。江南各地南宋守军望风逃遁，金兀术长驱直入。

此时，宋高宗已经由平江府撤到了临安府，又马不停蹄地逃到越州，十一月再仓皇逃向明州（今浙江宁波）。

十二月，金军长驱临安府，准备活捉宋高宗。宋高宗再坐船逃往定海县（今浙江镇海），继而渡海至昌国（今浙江定海）。金兵如入无人之境，连续攻克杭州、越州、明州、定海。金军一路追杀，宋高宗就一路仓皇南逃。等到金兵夺下定海时，宋高宗已经顺海路从昌国南逃至台州（今浙江临海）海边。

建炎四年（1130）正月十六日，金军乘海船经昌国，追击300余里，企图追上宋高宗的船队，活捉赵构。但是，金兵不习海战，乘船追袭又遇大风雨，被和州防御使张公裕率领的大船冲散，只得退回明州。宋高宗得知金军被击退后，方令海船停泊于温州港口。

这时，金军战线漫长，后方空虚，加之不适应江南的气候和河湖纵横的水乡地理。二月，声称“搜山检海”已毕，决定北撤。撤兵途中，金兵所到之处，宋军纷纷弃城而逃，金兵则纵火焚城，掳掠奸淫，北宋四京[①]皆陷入金人手中。

金军一路北撤，纵火焚城，掳掠奸淫，仅平江府一地，被杀百姓就达数十万之多。洗劫各地之后，金军以舟船满载抢劫的财物，沿运河北撤。一些抗金将领愤然而起，指挥军队沿途截击金兵。

三月，金兀术从平江府撤军，准备在镇江渡江北上。宋将韩世忠率水师 8000 人，募得海船百余艘从长江口兼程西上，埋伏在镇江焦山寺附近的江面上，阻断金军退路。十五日，双方在长江之上展开激烈的水战。韩世忠的妻子梁红玉也披挂上阵，亲擂战鼓以助宋军之威。金军损失较重。

金兀术自知难以突破宋军防线，愿意以财货名马借道而过，韩世忠断然拒绝，直将金军水师逼入建康东北 70 里处的死水港黄天荡，宋军堵住其出口。黄天荡是一条死水港，金军多次突围，均未奏效。

最后，金军听说有老鹳河故道可以通往秦淮，于是开渠数十里，得以逃往建康，但是仍不能过江。四月，金兀术征募破宋军

---

① 北宋四京：开封府（今河南开封）为“东京”，河南府（今河南洛阳东）为“西京”，应天府（今河南商丘睢阳区）为“南京”、大名府（今河北大名县）为“北京”。

海舟之策，福建人王某向金兀术献策：舟中载土，上铺平板，穴船板以棹桨，待无风时出击，再以火器击退前来堵截的韩世忠水师。金兀术依计而行，终于安然撤退、渡江北归。

黄天荡之战，韩世忠虽未取胜，却使金军从此不敢轻易渡江，南宋都城临安和半壁江山得以保全。

五月，淮南宣抚司统制岳飞，于静安镇袭击从陆上北撤的金军，继而收复了建康。

金兵北撤时，入侵江西、湖南的金兵也随之北退。四月二十五日，金将拔离速、马五统率金军行至宝丰（今河南宝丰）宋村时，遭到留守司同统制牛皋的伏击，金军大败而逃，大将马五被擒。

与此同时，宋高宗已由海道沿原路返回明州。四月十二日进驻越州，升越州为绍兴府，作为南宋政府的临时所在地，结束了长达四个月的海上亡命生活。次年，改元“绍兴”，寓“绍祚中兴”之意。

金军此次南侵未能擒获宋高宗，也未能消灭南宋政权，在江淮建立傀儡政权的计划落空。建炎四年（1130）七月，金军主力近两万人最后撤离两淮一带，西入陕西富平。江淮地区的局势重新恢复平静。

水天空阔，恨东风，不惜世间英物。蜀鸟吴花残照里，忍见荒城颓壁。铜雀春情，金人秋泪，此恨凭谁雪。堂堂剑气，斗牛空认奇杰。

——〔宋〕邓剡《酹江月·驿中言别》

征战川陕

金朝在南侵的同时，并没有放弃对川陕一带的争夺。自建炎元年（1127）十二月，金将完颜娄室入侵陕西以来，先后攻取了长安、凤翔、延安等重镇。但是，金军在当地的统治并不稳固。金军一撤兵，关中城镇便被宋军或义兵所收复。

建炎三年（1129）五月，宋高宗加封在苗刘之变中有功的张浚为知枢密院事、兼川陕宣抚处置使，许以“便宜黜陟”大权，经营川陕。十月，张浚置司秦州（今甘肃天水），宣布节制永兴、环庆、熙河、秦凤、泾原五路军马。并对五路统帅做了全面调动。十二月，张浚任命关陕抗金名将曲端为宣抚处置司都统制，刘子羽为参议军事，吴玠和吴璘兄弟为统制。

建炎四年（1130）三月，金军结束了江南的战事，将战略进攻目标转向关陕。

这年夏天，宋廷担心金军再度南下，下令张浚在陕西向金军开战，以分散和牵制金军主力。张浚以为金军主力仍滞留在淮东，开始准备在关陕发动大规模反攻，以减轻金军对东南地区的压力。

张浚的计划遭到曲端的反对。张浚借口曲端此前在彭原与金军对抗中失利，将他投入秦州监狱。七月，金兀术从建康渡江到六合，引兵趋陕西与完颜娄室会合。九月，金朝又派皇子、右副元帅完颜宗辅到陕西，会合完颜宗弼军、完颜娄室部，打算深入陕、川，然后顺长江东下，侵占东南。

张浚组织熙河、秦凤、泾原、环庆、永兴军五路兵马及刘锡、吴玠、刘锜、孙渥、赵哲等五路将领，号称 40 万人、7 万马匹，移师富平，发檄文向金兵问罪，展开大规模的反击。

这时，金兀术军在下邽（今陕西渭南北），完颜娄室军远在绥德。宋军完全可以逐个击破，但是，刚愎自用的张浚却一再函邀金军约日决战，自恃拥有优势兵力，以为可以稳操胜券，在会战前既不认真勘察地形，又不精心布阵。

完颜娄室接到战书后，迅速移师富平，并争取时间部署战阵。九月十四日，宋金两军决战于富平丘陵地带，从清晨恶战至中午，不分胜负。宋军“人数虽多，营垒不固，千疮百孔”。不久，刘锡率领的五路大军全军溃退，丢弃了大量军用物资。富平之战虽然牵制了金军，但是关陕之地却自此沦陷，终南宋之世也未能收复。

富平之战后，秦凤路经略使吴玠即率兵退守和尚原（今陕西宝鸡南），此地位于秦岭北麓、是自陕入川的咽喉。当时关、陇六路尽陷于金，只有阶（今甘肃武都）、成（今甘肃成县），岷（甘肃岷县)、凤(陕西凤县)、洮州(甘肃临潭)及和尚原、陇州之方山原(今陕西宝鸡西)还在宋军的控制之下。

绍兴元年(1131)十月,为了夺取汉中,金军进窥川蜀,发兵进攻和尚原。金将没立从凤翔、乌鲁折合从阶、成出大散关,分两路进兵,准备会师和尚原。吴玠与其弟吴璘率军还击,四战皆胜。金兀术闻讯,深以为耻,率兵10余万西进,自宝鸡造浮桥渡渭水进攻和尚原。吴玠、吴璘再以奇兵伏击,大败金兵,俘获甲兵以万计。金兀术身中流矢,逃回燕山。和尚原一战,是宋金交战以来宋军取得的最大胜仗。

绍兴二年(1132)冬,金人再度发动攻势,双方战于关口饶风关(今陕西石泉西),鏖战六昼夜后,金军从险道绕至饶风关之上,打败宋军,夺得了饶风关。

绍兴三年(1133)十一月,金兀术再度从和尚原攻蜀。十二月,金军集中兵力猛攻和尚原,同时截断宋军粮道,吴璘率军转移,和尚原失守。

绍兴四年(1134)二月,金兀术、撒离喝率10万金军进攻仙人关,吴玠仅以1万兵力抵抗,吴璘率军火速支援。四月,宋军收复凤、秦、陇三州。仙人关之战后,金军撤回凤翔,组织士兵进行屯耕,准备与宋军长期周旋。

此后,东起淮河、西至秦岭成为宋、金之间稳定的战线。宋、金战争虽然持续多年,交战的区域常常变换,但是双方沿淮河、秦岭一线相持的格局却始终没有改变。

东南第一名州，西湖自古多佳丽。临堤台榭，画船楼阁，游人歌吹。十里荷花，三秋桂子，四山晴翠。使百年南渡，一时豪杰，都忘却，平生志。

——〔宋〕陈德武《水龙吟·西湖怀古》

刘豫称帝，秦桧南归

宋高宗被金军追得一路南逃，京都开封陷落，宋高宗更是决定放弃中原一去不回。而金太宗拿下宋朝四京之后，决定再建立一个“藩辅”，采取“以汉治汉”的策略对付南宋。

建炎四年（1130）九月，金朝在大名府册立刘豫为“大齐皇帝”，任命降金的宋朝太原知府张孝纯为宰相。金朝决定扶植这个傀儡政权，作为统御中原疆土、威慑南宋的工具。

刘豫原是宋朝济南府的知府。1128 年，金军大举南侵时，金太宗的弟弟完颜挞懒率军进攻济南。知府刘豫贪生怕死，暗中通敌，并杀掉抗金将领关胜，献城降金。金朝随后任命刘豫为东平府知府，以其子刘麟为济南府知府，将河南之地交给刘豫管辖。

刘豫并不满足做个知府，他想当皇帝，派儿子刘麟携大量珍宝向完颜挞懒行贿，请求立他为傀儡皇帝。在完颜挞懒的推荐下，刘豫如愿以偿做了“大齐皇帝”。

刘豫称帝后，改开封为汴京，实际控制原北宋的京东、京西两路及淮南路的部分地区。绍兴元年（1131）十一月，金又将新占领的陕西诸路划为齐国辖区。次年四月，刘豫迁都汴京。

金朝在扶持刘豫的同时，建炎四年（1130）十一月，宋朝前御史中丞秦桧携妻子、随从及大量财物从金朝回到越州。在靖康之变时，秦桧曾主张抗金，反对割地求和。但是，随宋徽宗、宋钦宗被金军掳掠北去后，秦桧见风使舵，投靠了女真贵族，成了金太宗之弟完颜挞懒的亲信。

回到南宋朝廷后，秦桧编造故事说：自己杀掉金朝的监视人员，夺舟冒险而归。不过，他带着众多的家眷、随从和丰厚的金银财宝而归，南宋官员们怎么看秦桧也不像亡命逃跑的架势，都对他的故事深感怀疑，多数人认为他是金朝放回来的奸细。然而，秦桧破绽百出的神话故事，却令宋高宗深信不疑。

宋高宗南逃之后，主张绥靖之策，强调“以柔道御天下”，希望以安抚的手法、优容的政策舒缓人们慌乱的神经。建炎二年（1128）五月，在金朝咄咄逼人的强势下，南宋仍然坚持开科取士。同时，对待滞留北方或被金朝俘虏的朝官，采取了包容、接纳的政策，召唤他们回来服务。

另外，高宗在对待金朝的问题上仍然坚持求和的态度，所以他迫切地需要一位熟悉金朝情况的人，而秦桧在金朝生活了四五年，对金朝有比较全面的了解。因为秦桧被俘虏到金朝后，“独受”金人青睐，接受伪职为金军效劳。

宋高宗不追究秦桧这四五年的伪军经历，也是因为秦桧曾经是一位忠臣。靖康之变时，秦桧曾主张抗金，反对割地求和；金人欲立张邦昌为帝时，秦桧也曾进言请求保存赵氏帝脉，反对立张为帝。

就是因为这些曾经的忠诚，宋高宗对秦桧有着“刻舟求剑”似的信任，让秦桧在南宋朝廷中很快再度立稳脚跟。宋高宗召见他时，秦桧提出：“如欲天下无事，须得南自南，北自北。”也就是说，南方归于南，北方归于北，双方各成一家，互不干涉。这种苟且偷安的主张，正中宋高宗的下怀。于是，秦桧立即起草了给金朝完颜挞懒的《请和国书》。宋高宗看罢感慨万端，认为秦桧“朴忠过人”，“朕得之喜而不寐”，还得意地说“又得一佳士”！在秦桧回朝的第三个月，就升其为副宰相。

绍兴元年（1131）八月，秦桧被任命为右相兼知枢密院事，吕颐浩为左相。[①] 秦桧归宋后，仅用了 10 个月的时间就坐上宰相的位置。

绍兴二年（1132）正月，宋高宗将朝廷迁到了临安。临安原为吴越国（907—978）的都城，地形复杂，不利于骑兵活动，东南临钱塘江，西接西湖，城南有凤凰山和吴山，这令宋高宗感觉很安全。而且，临安物产丰富、漕运方便，也有很好的经济基础。

---

① 宋高宗在建炎三年（1129），正式以左仆射和右仆射兼同中书门下平章事，为正宰相；又将门下侍郎和中书侍郎改为参知政事，为副宰相。还取消尚书左、右丞的官称，大体上恢复了宋初的官制。

迁到临安后，宋高宗表面做出抗金的姿态，称临安只是暂时居住地，但谁都清楚，他早已无心回归中原。因为宋高宗不仅在临安大兴土木，还修建明堂、太庙，金朝册立刘豫为“大齐皇帝”后，高宗也予以默认，表明彻底放弃了中原，因此，临安作为南宋都城的地位已基本确立。

宋高宗踏踏实实地住在临安，而秦桧升任宰相后地位还未稳固。朝中的左宰相吕颐浩是主相，秦桧还不足以与其争衡，而吕颐浩在政治上倾向于抗金，主张内寇，再御外侮，进而北伐。这样的人与秦桧共同执政，自然不能相容。

绍兴二年（1132）五月，秦桧网罗南宋投降派官员，设置修改局，准备修改南宋的政治、军事制度，以适应降金的需要。随后，秦桧抛出所谓“耸动天下”的奇策，试与吕颐浩争斗。

他的奇策就是“南人归南，北人归北”。意思是要南宋彻底放弃中原，把已经迁徙在南宋的河北人、中原人全部赶回去，交给金朝和大齐政权。秦桧的奇策是露骨的投降行为，即刻遭到朝臣们的反对，御史黄龟年弹劾秦桧，“专主和议，沮止国家恢复远图”，“植党专权”。宋高宗对秦桧的奇策也不满，很不高兴地指出：“秦桧说‘南人归南，北人归北’。朕是北人，该归到哪里?”

八月二十七日，秦桧被罢相，朱胜非接替了秦桧的位置，与吕颐浩并相。

这时，金朝虽然也放出“和议”风，但是其苛刻的条件令宋高宗无法接受。因此，宋金“和议”始终没有进展。不过，宋高宗并未因此改变“偏安东南”的基本国策。

客路那知岁序移，忽惊春到小桃枝。天涯海角悲凉地，记得当年全盛时。花弄影，月流辉，水精宫殿五云飞。分明一觉华胥梦，回首东风泪满衣。

——〔宋〕赵鼎《鹧鸪天·建康上元作》

平定内乱伐大齐

南宋初年，由于金兵南侵，政局未稳，宋朝廷失去了对境内许多地区的有效控制。在战争的冲击下，宋高宗逃之夭夭，朝廷内外混乱不堪，被金兵击溃的一些宋军散兵游勇，乘机占据州县，组成流寇集团，四处劫掠。

御史韩璜回忆当时的情况说："自江西至湖南，无问郡县与村落，极目灰烬，所至残破，十室九空。询其所以，皆缘金人未到而溃散之兵先之，金人既去而袭逐之师继至。官兵盗贼，劫掠一同，城市乡村，搜索殆遍。"而饱受战争蹂躏、不满宋王朝统治的农民武装也揭竿而起、纷纷建立割据势力。

一时间，流寇集团与农民武装成为南宋朝廷无力控制的动乱力量，加剧了南宋统治阶级的恐惧感。此时的南宋朝廷，正如女诗人李清照描绘的那样，陷入了"南渡衣冠少王导，北来消息欠刘琨"[①]

① 王导为东晋开国元勋；刘琨为西晋军事家。

的困境。

针对“群盗”，宰相吕颐浩主张“先平内寇，然后可以御外侮”，实施“剿抚并行”的策略。同时，南宋朝廷对武将采取优厚待遇政策，许其在一定的范围内割据，发展各自的实力，由此调动了武将们强军的积极性和主动性。

据保守估计，宋高宗南逃前后的盗贼、土匪、溃兵至少有100万。从靖康元年（1126）至绍兴五年（1135）十年间，出现的流寇集团不下200个、农民武装起义至少60余起。

南宋初期的10年里，重要的武将如张俊、韩世忠、刘光世以及张俊麾下的岳飞等人都参与了剿抚“群盗”行动，并从中壮大了各自的部队。到绍兴二年（1132），韩世忠、刘光世各有兵力4万人，张俊的兵力有3万人，岳飞有2.3万兵力。另外，御前军也达到3万多人，其中一部分是从剿抚流寇集团、农民起义军中收编而来。

在南宋忙于平定内乱之时，“大齐皇帝”刘豫依仗金朝的支持，攻占了河南的颍昌府、襄阳、襄汉以及甘肃的洮州、岷州两州，使齐国的势力达到鼎盛。

自从刘豫的齐国建立以来，宋高宗因为惧怕金人，一直把刘豫当作平等邦交国对待，称对方为“大齐”。但是，此时的南宋军事力量已经有所提升，宋高宗放宽了太祖赵匡胤“扬文抑武”的国策，优待武将，提升了武将的地位，默许他们参与政治决策，使得朝廷中主战派的声势越来越强盛。

宋高宗虽然不愿意与金抗争，只想安稳偏居一隅，也没有开疆拓土的豪情和勇气。但是，刘豫的嚣张气焰终令他不能忍。

绍兴四年（1134）五月，宋高宗命岳飞率王万、王贵、张宪、徐庆、牛皋等部，自湖北鄂州渡江北伐，收复襄汉地区。因为怕惹怒金朝，宋高宗在岳飞出行前警告说：只准收复南宋刚刚丢失的襄汉六州，不得进一步讨伐齐国领土，否则，“虽立奇功，必加尔罚”。岳飞出兵不到三个月，就收复了襄汉六州。八月，32 岁的岳飞晋升为靖远军节度使，成为与韩世忠、刘光世、张俊并列的南宋初年四大金刚。

九月，金军大将完颜讹里朵、完颜挞懒、金兀术率兵 5 万与齐国联手南侵，并且避开岳飞所在的中路战场，一路自采石矶进攻金陵，一路自瓜州进攻江苏的京口，分别向两淮地区发动进攻。金齐联军渡过淮河，南宋楚州知府樊序弃城逃走，淮安宣抚使韩世忠自江苏承州退守京口。将不守城，导致江、浙一带百姓纷纷出逃。时年 51 岁的李清照也不得不经临安避乱金华，她在《打马图经自序》中记述了当时人们四处逃散，不知所往的情景：“冬十月朔，闻淮上警报。江浙之人，自东走西，自南走北，居山林者谋入城市，居城市者谋入山林，旁午络绎，莫卜所之。”

朝中官员同样主张疏散百司，请宋高宗避其兵锋。但是，刚刚独自为宰相的赵鼎力主抗击，并得到部分统兵大将的支持。于是，对外宣布，宋高宗决定“亲征”，同时命张俊率部驰援驻守镇江的韩世忠，命刘光世部移驻金陵，加强沿江防线，韩世忠部回师进驻扬州。刘光世畏敌不前，但是，韩世忠却在十月以假情报诱敌深入，大败金军。

后来，金军攻占了安徽的濠州、滁州等地，却在江苏的大仪、承州以及安徽庐州等地屡遭挫败。十二月，金太宗病危，讯息传达到金军营寨，金兀术等人即刻率军渡淮北归，齐军也丢弃辎重，随之北逃。

金齐联合侵宋失败，使主战派在宋朝廷再次得势。绍兴五年（1135）二月，宋高宗加封赵鼎为左相，张浚为右相。张浚是坚决的主战派，屡次建言：北伐刘豫，收复中原。宋高宗勉强同意了。经过部署，韩世忠出江苏楚州进攻淮阳，刘光世进屯合肥，张俊进屯江苏盱眙，岳飞进驻襄阳，多路配合，直取中原。

绍兴六年（1136）七月下旬，岳飞军受命出征，到达襄阳。八月，岳飞部将牛皋攻破齐国汝军镇。十一月，岳飞军在唐州北大败齐兵，进抵河南蔡州境内。

就在岳飞军攻齐之时，九月，刘豫向金请求救兵。但是，这时金朝政局发生了变化。金太宗去世后，金熙宗刚刚即位，忙于巩固皇权，对内铲除守旧的女真势力，以扫清社会改革中的障碍，因此无暇顾及刘豫的求援，仅派金兀术率军进驻河南黎阳观望。

刘豫只得勉力自救。十月初三日，刘豫强征境内百姓30万人入伍，分三路向南宋发动反击：中路刘麟，从寿春府（今安徽寿县）进攻庐州；东路刘猊，出涡口（今安徽怀远东北），渡淮攻定远；西路孔彦舟，由光州进攻六安。

当时，韩世忠驻军楚州，张俊驻守盱眙，刘光世屯兵庐州，岳飞再度奉命扼守鄂州。刘猊进攻淮东，在楚州、承州被韩世忠击退。刘麟渡过淮河，在濠（今安徽凤阳）、寿之间突破张俊防线，攻占合肥。刘猊遂试图与刘麟会合后再进兵，却在藕塘（今安徽定远东南）被张俊的部将杨沂中击败。刘麟、孔彦舟得知刘猊战败后，撤兵逃走。齐军三路反攻南宋的计划被粉碎。

北伐大齐之后，宋金战局大体稳定，国内流寇集团、农民武装也已经被剪除。宰相张浚虽然主战，但是，面对官军逐渐被各地武将变成私家武装的趋势，开始担心武将势力膨胀、政治地位上升后而失控的局面。

于是，张浚提出恢复“以文御武”的祖宗家法，“谋收内外兵柄”。宋高宗自然明白其中的利害，当即默许了张浚的主张。张浚“削兵权”的第一刀砍向了刘光世，宰相赵鼎反对，愤而辞相。张浚认为秦桧“柔佞易制”，便引荐秦桧入朝，升为枢密使。后来与秦桧共事一段时间后，张浚才发现引荐秦桧是一个致命的错误，可惜悔之晚矣。

绍兴七年（1137）八月，由于张浚罢免刘光世，引起刘光世部将郦琼的不满，率部 4 万人投降了刘豫，朝野一时震惊。张浚引咎辞相，并主动推荐赵鼎为相，于是赵鼎复相。张浚辞职后，南宋第一次削夺兵权的计划也暂时搁置。

赵鼎原来很鄙视秦桧，但是再度为相后，秦桧对他逢迎苟合，大套近乎，赵鼎便改变了对秦桧的看法，开始认为秦桧可堪当大任，并对宋高宗褒奖说：“秦桧不可令去。”

这时，金朝对南宋的政策也发生了变化。自从刘豫出兵攻宋惨遭失败之后，金朝感到刘豫无能，便在绍兴七年（1137）十一月宣布废除刘豫的齐国，降封刘豫为蜀王。同时，在汴京设立行尚书台省，以张孝纯为权行台左丞相，直属金朝中央尚书省领导，统治汴京及河南、陕西等地。

不久，金熙宗决定把刘豫原来统治的河南、陕西地区交还给宋朝。作为交换条件，南宋必须向金朝称臣，并纳贡岁币。金熙宗的这一计，实际上是要诱降宋高宗。可是，在宋高宗看来，这却是绝好的议和机会。于是，再度重用熟悉金朝的秦桧，谋求与金议和。

可惜天旋时异，借何人、雪当年耻？登临形胜，感伤今古，发挥英气。力士推山，天吴移水，作农桑地。借钱塘潮汐，为君洗尽，岳将军泪。

——〔宋〕陈德武《水龙吟·西湖怀古》

绍兴和议，天日昭昭

绍兴八年（1138）年初，宋高宗得到消息：只要南宋愿意臣服，金朝就可以归还宋徽宗的灵柩。宋高宗得知消息后，欢欣鼓舞，竟脱口说道："若金人能从朕所求，其余一切非所较也。"随即任命秦桧为右相，并做好向金投降的准备。

听说宋高宗要议和，朝臣们纷纷上疏劝阻，有人甚至上请斩杀秦桧"以谢天下"。此时抗战派北伐刘豫已获胜利，正在乘胜备战，打算一举进兵中原，收复失地，因此对"议和"不以为然。但是，宋高宗决意求和，对抗金之议一律严词拒绝。

七月，宋高宗再次派王伦出使金朝议和。秦桧则乘机擢升亲信死党充任御史台官，弹劾、排挤主战派。十月间，赵鼎被罢相，秦桧独揽相权。

当月，金朝遣使来到南宋，要求宋高宗依照藩属之礼，跪拜接受金朝诏书，接受金帝册封。此举立即遭到朝野抗战派官员的激烈反对，张浚先后五次上书，反对"和议"。韩世忠也数次上疏，奏请拒绝“和议”，并且表示愿捐躯报国，与金军决一死战。但是，宁愿苟且生存的宋高宗担心惹恼金军，一意孤行，坚持投降求和。

绍兴九年（1139）正月，秦桧代表宋高宗拜受金朝诏书，接受“和议”，从而将南宋降格为金朝的藩属国，宋帝向金帝称臣。金朝把陕西、河南等地“赐”给宋朝，宋朝每年向金朝纳贡银25万两，绢25万匹。金朝归还宋徽宗及其皇后的棺木。

“和议”成功，宋高宗、秦桧感到十分欣悦，大肆庆祝一番，对百官加官晋爵，并大赦天下。但是，抗战将领吴玠、岳飞拒不受赏。三月，岳飞愤然上书乞解军务，宋高宗没有同意。张俊在永州也上书多次，称金人狡诈无信。兵部侍郎张焘还提醒宋高宗，金朝仍在备战，建议加强边防。朝廷有识之士也认为“祸福倚伏，情伪多端”。但是，宋高宗、秦桧却无动于衷。

果然，一年之后，金朝撕毁和约。绍兴十年（1140）五月，金兀术统率10万兵马，分四路向南宋发起进攻。不到一个月，“赐”给南宋的土地又被全部夺回，威胁着淮南。

面对金朝的出尔反尔，宋朝上下群情激愤。宋高宗也在诏书中称金人为“贼”，令各路军马全面抵抗金军的入侵。随后，宋、金展开规模空前的激战。在韩世忠、王俊、岳飞等将领指挥下，宋军在顺昌（今安徽阜阳）战役、川陕保卫战以及郾城之战中捷报频传，岳飞一路进至距开封45里处。在岳家军的抗击下，完颜宗弼做好了逃往河北的准备。

然而，就是在这胜利的大好形势下，宋高宗眼见保住了半壁江山，便又听从秦桧的议和主张，下令各路“措置班师”，“不许深入”。七月，岳飞奉命“班师”，眼睁睁看着就要到手的胜利被宋高宗和秦桧葬送。十年之功废于一旦，岳飞痛心疾首，叹道：“所得诸郡，一旦都休，社稷江山，难以中兴，乾坤世界，无由再复!”

岳家军南撤之后，河南州县重新被金军占领。对此，宋高宗并不痛惜，因为，在他心里完全没有国家大局意识，只有自己的小算盘。他担心的是，一旦主战派占了上风，迫使金廷求和，那么，被俘的宋钦宗赵桓就有可能被放还，届时自己的皇位是否还能坐稳就是个未知数了。秦桧就看准了宋高宗的心思，决定利用宋高宗迫害抗金将领，特别是岳飞，因为岳飞的赫赫战功不仅令张俊嫉妒，更令秦桧嫉恨。

另外，金兀术在此次侵宋后也感受到岳家军的威力，于是在和议的条件中明确提出：“必杀岳飞，而后和可成!”

为了加快和议的进程，宋高宗和秦桧开始处心积虑地削夺武将们的兵权，直至迫害岳飞。四月，宋高宗和秦桧采纳范同之计，以酬赏柘皋之捷为名，召韩世忠、张俊、岳飞回临安府，论功行赏。加封韩世忠、张俊为枢密使，岳飞为枢密副使，明升暗降、解除了他们的兵权，同时切断了他们与前方军队的联系。七月，又罢去抗金名将、淮北宣抚司判官刘琦的兵权，改任荆南府知府。

韩世忠和岳飞对朝廷此举感到突然，张俊却早与秦桧暗中勾结。为了防止韩世忠和岳飞联手，宋高宗于八月罢夺岳飞的官职，韩世忠仍然留任。不久，又把三大将领原来主持的淮东、淮西、京湖三宣抚司撤销，所属官兵都冠以“御前”两字，直接听命于三省和枢密院。至此，三大将领的兵权全部收归中央。秦桧因为回收兵权有功，从右相升任左相，封庆国公，从此独揽朝纲。

其后，秦桧指使张俊，威胁岳飞部将都统制王贵、王俊等人就范，诬告岳飞的爱将张宪准备裹挟原岳家军哗变。张宪被押送大理寺严刑逼供，宁死不肯屈招。张俊就上报朝廷，诬陷张宪串通岳飞谋反。十月，岳飞、岳云父子被投入大理寺狱。同月，韩世忠看清了大势，主动辞去枢密使之职，从此闭门谢客。

秦桧对岳飞的迫害，正合宋高宗的心思，因为宋高宗对岳飞同样嫉恨。首先是岳飞念念不忘恢复中原，而宋高宗只求偏安江南，岳飞收复中原的志向恰是宋高宗的压力。其次，岳飞曾一怒之下辞官上庐山，当时，迫于金人的威胁，宋高宗好言抚慰促其下山，心中却大为不满，认为岳飞此举是要挟君主。再者，岳飞生性耿直，出于忠心，曾提议宋高宗立储，但宋高宗唯一的儿子早在苗刘兵变时因惊悸而死，此后宋高宗因生理原因已不能生育。岳飞的立储提议，触犯了宋高宗的个人忌讳，同时也冒犯了武将不得干政的宗室传统。

基于这些原因，宋高宗早已对岳飞心生厌恶和反感，而金兀术又以杀岳飞为议和条件，因此杀害岳飞就成了宋高宗巩固统治的重要步骤。

岳飞自 20 岁从军，为抗击金朝，收复失地，浴血奋战了 19 年。可是，他的忠心不仅没能赢得宋高宗的信任，反而遭到他所效忠的南宋朝廷的厌恶。可叹岳母在儿子背上刺下的“精忠报国”为生不逢时。

岳飞的冤狱令韩世忠气愤不平，前去责问秦桧。秦桧竟说：岳飞父子谋反的事，“虽不明，其事体莫须有”。韩世忠听了，愤慨道：“‘莫须有’三字，何以服天下！”

最终，秦桧还是以谋反罪判岳飞死罪。在逼供纸上，岳飞只留下了“天日昭昭，天日昭昭”八个大字。绍兴十一年十二月二十九日，也就是公历 1142 年 1 月 27 日，经宋高宗裁断，39 岁的岳飞被以毒酒赐死。张宪和 23 岁的岳云被斩首。

绍兴十一年（1141）十一月，宋、金达成和约：

一、宋向金称臣，“世世子孙，谨守臣节”，金册封宋康王赵构为皇帝。

二、双方划定疆界，东以淮河中流为界，西以大散关（陕西宝鸡西南）为界，以南属宋，以北属金。宋割让唐州（今河南唐河）、邓州（今河南邓州市）以及商州（今陕西商洛市商州区）、秦州（今甘肃天水）的大半给金。

三、宋每年向金纳贡银 25 万两、绢 25 万匹。自绍兴十二年（1142）开始，每年春季运送至泗州交纳。

和约签于宋高宗绍兴年间，故称“绍兴和议”。

绍兴十二年（1142）三月，宋高宗正式接受金朝的册封。此后，宋高宗先后两次请求金廷送归母后韦氏，却一字不提他的兄长、被囚在金的宋钦宗赵桓。八月，金朝送归韦氏。

宋、金和约订立后的十几年间，双方没有再发生大的战争。

宋高宗终于巩固了自己的皇位，开始守着半壁江山[1]，重新做起了太平梦，过着花天酒地、腐朽奢侈的生活。

---

① 南宋当时的全部疆域只有两浙、两淮、江南东西、湖南、湖北、四川、福建、广东、广西十五路，京西路襄阳一府，陕西路阶、成、和、凤四州，共计府州军监185个，县703个。

苍苍安可料，旧德奄重泉。

痛为黎民惜，谁扶大厦颠。

——〔宋〕张浚《李伯纪丞相挽诗二首·其一》

隆兴和议

绍兴和议之后，宋高宗以秦桧立“头功”而重赏，加封为太师、魏国公。从此，秦桧独揽南宋军政大权，大肆结党营私、打击政敌，竭尽所能贪污舞弊、中饱私囊。

张俊曾积极逢迎秦桧，陷害岳飞，在绍兴和议后，张俊被任命为枢密使。一年多之后，秦桧见张俊没有离职的打算，心中很不悦，示意殿中侍御史江邈论其罪。绍兴十二年（1142）十一月，贬张俊为节度使。

秦桧独任宰相长达 17 年之久，不仅牢牢把握相权，连监察权也在其控制之中。他还屡兴文字狱，株连无辜，赵氏宗室都不曾放过。秦桧结党营私，使其族党、姻亲皆位列要职。最后，秦桧专政揽权，高宗对他都感觉十分恐惧，不敢过问。绍兴二十五年（1155）十月，秦桧病死，宋高宗长长吁了一口气，说：“朕今日起可以不用在膝裤中藏匕首了！”

同年十二月，宋高宗罢黜了秦桧的子弟、姻亲、党羽。但是，继续任用沈该、汤思退、万俟卨等秦桧旧人，推行其对金求和的既定方针。

就在宋高宗以为可以安心过日子之时，金朝政局再度发生变化。自绍兴和议之后，金朝内部纷争愈演愈烈，金熙宗被皇族大臣完颜亮所杀。完颜亮即位，并于绍兴三十一年（1161）六月移驻开封，七月，大肆屠杀宋、辽宗室130余人。九月，完颜亮不顾朝野一片反对之声，举全国之力，亲率60万兵力，分三路侵宋。

十月，宋高宗下诏历数金人败盟兴兵、贪残暴虐等罪恶，号召全国臣民同心协力，捐躯报国，“共雪侵凌之耻，各肩恢复之图”。同时，传檄契丹、西夏、高丽、渤海诸国及河北、河东、陕西、河南各路，号召出兵抗金。

但是，金兵压境之际，建康府都统王权临阵脱逃，致使首都临安一片惊慌，除左仆射陈康伯、礼部侍郎黄中外，其他文武官员纷纷遣送家属，以备不测。宋高宗本人也打算解散百官，浮海避敌。陈康伯坚决反对，太傅杨存中则表示“愿率将士北首死敌”。随后，高宗任命知枢密院事叶义问为督视江淮军马，中书舍人虞允文为参谋军事，枢密院检详诸房文字洪迈、秘书省校书郎冯方并为参议军事。

十一月，金军抵达长江北岸，日夜打造战船，准备自采石杨林渡（今安徽和县东）渡江。这时，参谋军事虞允文到采石（今安徽当涂北）犒军，亲临前线指挥，领兵与金军展开激战。金兵大败，锐气大减。金朝的内部矛盾再度激化，完颜亮在十一月底被部将杀死，金世宗完颜雍即位。十二月，金军渐次北撤，宋军乘势收复失地。金军南侵以失败而告终。

正当南宋抗金取得胜利之时，宋高宗再度老调重弹，主张“乘胜求和”。并且一再表示，继续对金“屈己”称臣，推行投降的路线。朝中抗战派则主张乘胜北伐，乘金朝内乱之机，诸路并进，收复中原，一举灭金。并希望朝廷重新起用张浚主持军务。张浚在绍兴三十一年（1161）被贬，出判建康府，因勤政爱民，朝野上下都拥护他。但是，宋高宗命杨存中为江淮荆襄路宣抚使，虞允中为副使，不用张浚领兵。

绍兴三十二年（1162）五月，朝野抗战声浪高涨，宋高宗不得不起用张浚，命张浚为两淮事务兼节制江淮东西、沿江州郡军马，同时命他招募民众设置御前万弩营。

不久，宋高宗决定退位，因为战乱的局面让他感觉无所适从。为了逃避责任，五月底，宋高宗册立养子赵玮①为太子，更名赵昚。六月，宋高宗再以“倦勤”休养为由，正式传位太子，自称太上皇。36岁的赵昚随即即位，改年号“隆兴”，是为宋孝宗。

宋孝宗赵昚是宋太祖赵匡胤的七世孙，这也是两宋皇权继赵光义当政之后，赵匡胤一脉首次继承皇位。宋孝宗是主战派，在完颜亮南侵时，曾请求亲自做先锋抗敌。继承皇位后，表面上不反对宋高宗的议和政策，却在处理朝政时以实际行动表明抗金立场。

---

① 赵玮，宋太祖赵匡胤次子赵德芳的六世孙，秀安僖王赵子偁的儿子，六岁时被高宗选中，育于宫中。

此时，宋金之间在川陕之地仍有战事。宋孝宗首先任用张浚为江淮东西两路宣抚使，统帅军马，加少傅，封魏国公，积极备战。同时，为岳飞案彻底平反，罢逐秦桧党人，起用主战派人士。朝野上下，为之一振。

隆兴元年（1163）初，张浚升为枢密使，负责用兵事宜。史浩为右相，陈康伯为左相，辛次膺为同知枢密院事。

三月，宋孝宗以绍兴和议为耻，决定对金作战，改变宋金臣属关系。张浚主张立即大规模北伐攻金，史浩则主张防守，反对张浚的北伐计划。四月，在宋孝宗的支持下，张浚命李显忠、邵宏渊分别由濠州、泗州率兵出击北伐。史浩见状辞相。

五月初，李显忠、邵宏渊连克灵璧、虹县、宿州等地，君臣为之振奋。宋孝宗随即任命李显忠为淮南、京畿、京东、河北招讨使，邵宏渊为副使。邵宏渊很不服气，并与李不和。

随后，宋金在符离交战，却因李、邵不和，未能协同作战，导致宋军大败。符离战败，给了投降派老调重弹的机会，妥协的潮流再度涌动，进而动摇了宋孝宗北伐的雄心，开始考虑议和。

七月，宋孝宗起用秦桧余党汤思退为右相。隆兴二年（1164）四月，在汤思退的排挤下，张浚退相位。张浚构建的所有防御工事都被汤思退下令拆毁，万弩营也被解散，海州、泗州的守军被撤退。汤思退还对主战派进行清洗，逮捕反对割地求和、主张抗金的20余位官员，投入监狱。

十月，金军以战迫和，挥师南下，一路攻占楚州、濠州、滁州，长江防线再度告急。由于金方在议和中贪得无厌，宋廷忍无可忍、抗金情绪再度高涨。十一月，宋孝宗罢免汤思退，重新任用陈康伯主持议和事宜。

宋金双方经过反复争议，十二月终于达成协议：

南宋对金不再称臣，改为叔侄关系；宋每年给金的“岁贡”改为“岁币”，数量由原来的银绢各25万两、匹，减为各20万两、匹；南宋放弃所占的海、泗、唐、邓、商、秦六州，疆界恢复绍兴和议时原状；金国逃到南宋的人员不再追回。这次议和，史称“隆兴和议”。此后，宋、金关系恢复平静，维持了约40年的和平状态。

不见南师久，谩说北群空。当场只手，毕竟还我万夫雄。自笑堂堂汉使，得似洋洋河水，依旧只流东。且复穹庐拜，会向藁街逢。

——〔宋〕陈亮《水调歌头·送章德茂大卿使虏》

孝宗中兴

“隆兴和议”之后，宋孝宗把精力主要用在了治理内政上。因为南宋这半壁江山早已饱受战争的破坏，社会经济亟待恢复。

宋孝宗即位时，临安的户数约有 25 万，人口近 55 万。为了安置各地流民、北方移民和士兵，朝廷鼓励各地开荒种田。同时，根据江南地区多沼泽、地域低洼的特点，在濒江临湖地带修筑堤岸，围成一处水洼地，将水排干形成农田，称之为“圩田”。后来，江西、两湖和岭南地区也陆续开辟出很多“圩田”，增加了农耕土地。

在垦辟农田的同时，朝廷也鼓励农民种麦，拓展粮食品种、增加粮食产量。乾道七年（1171），大麦丰产，仅浙西、浙东、江东各地就征购了 7 万石，湖南、湖北和京西征购数量多达 18 万石。

为了解决钱荒问题，乾道二年（1166），南宋朝廷创新、发行了一种替代铜钱的纸币，称为“淮交”，也叫“两淮交子”或“两淮会子”，这是一种通行于两淮地区的地方性纸币。最初，“会子”发行没有定额，其因为是用楮木皮造的纸印制的，因此也称楮币。乾道四年（1168）朝廷做出规定，每次发行额为1000万贯，三年发行一次，每贯价值为铜钱770文。同时，罢除“铜钱、会子不得过江”的禁令，促进货币流通。货币流通的扩大推进了南宋商品经济的发展，商人社会地位也有所提高。

随着人口的增长和商品经济的发展，城市经济也渐渐繁荣起来。首都临安作为南宋的政治、经济、文化中心，迅速发展为繁盛之都。临安城市井坊陌、官办及私营作坊遍布城内外。夜市也应运而兴，交易之盛，一如白昼。

在发展经济的同时，宋孝宗还积极整顿吏治，裁汰冗官。乾道六年（1170）三月，裁减枢密院吏114人，裁减三省官吏70人。五月，又裁六部官吏150人。百司、三衙也都相应裁减了一些官吏。

整顿内政之余，宋孝宗仍然念念不忘收复中原故土。从乾道元年（1165）七月开始，宋孝宗对军队进行整编。

乾道三年（1167）六月，宋孝宗命副宰相虞允文到四川整顿军政，按财赋收入制定兵额。虞允文到任后，淘汰士兵1万人，年减军费开支400万缗。到乾道九年（1173）时，南宋全国军队总数定编为40余万人。

为了加强边备，宋孝宗命徐子寅重建淮南万弩手，并召回被汤思退遣散的神劲军1600余人，开赴庐州（今安徽合肥）驻防。同时增设广东水军，将定海水军改编为御前水军；在江、浙、京湖、淮、广、福建等路恢复发运使机构，以便调拨军事物资。

乾道八年（1172），虞允文升为左相，但仅过半年，就因为与宋孝宗在用人问题上出现分歧而辞去相位，再次出任四川宣抚使，赴任前宋孝宗与他相约北伐。虞允文虽然是北伐的坚定支持者，但他心中实际上顾虑重重。

回首当年，宋孝宗从主战到和议态度摇摆不定，已经挫伤了主战派的心气，令朝臣们“口虽竞而心疲，心虽愤而气茶”，难怪虞允文对北伐采取慎重的态度。朝中另一主战派副宰相刘珙也同样心有余悸。宋孝宗也曾与他商谈收复中原的问题，刘珙回答说：“复仇雪耻，诚乃当今之要务。但臣以为，若非积十年之功内修政事，恐怕未可轻动。”正如清人王夫之所说，这一时期的朝臣“谈及封疆，且视为前生之梦”。

其实，宋孝宗也处于矛盾之中，既想战，又犹豫。乾道六年（1170），张浚的儿子张栻进见宋孝宗，分析当时的形势，认为南宋还没有足够的实力让金国屈服。正确的做法应该是“修德立政，用兵养民，选将帅，练甲兵”，先做好准备，增强自身的实力，才可战服敌人，收复失地。

虽然也有少数官员坚决主张抗战，比如滁州通判辛弃疾，但是，此时此际即便激进之士也都变得谨慎小心。宋孝宗纵有光复中原之心，却乏人附和支持，其北伐的志趣也就渐渐消退了。开始把注意力更多地转向了选拔人才、增加财用、治国得道等方面。

为了避免秦桧专权重演，宋孝宗“躬揽权纲”，大事小情都要亲自过问，并且频繁更换宰相，杜绝权臣再现。宋孝宗在位 28 年先后任用宰相 17 人、副宰相 34 人。此举虽然巩固了皇权，但是官员任期短暂也难有所作为。

总体来说，宋孝宗统治时期政治清明，学术思想丰盛繁荣。这一时期，朱熹理学，陆九渊心学，陈亮、叶适事功学等思想学说相继形成。其中，朱熹理学对后世影响最为深远。

朱熹理学是在承袭了北宋程颢、程颐兄弟二人的“万物皆只有一个天理”的核心思想之上，吸取了张载的元气本体论、周敦颐的太极说，以及佛教、道教等思想，建立起来的哲学体系，又被称为道学。朱熹理学重新定义“理”与“气”的关系，强调“理在气先，气依理而存在”。强调“理”是产生天地万物的根据和本体，也称“天理”，“气”是构成万物的材料。而“天理”具体到现实之中，则被落实到封建道德及伦理规范之上，即“天理”就是“仁、义、礼、智”，就是“未有君臣，已先有君臣之理”，三纲五常由此被推论为“天理”。朱熹理学又强调“心包万理，万理具于一心”，并从《大学》的格物致知、正心诚意入手，主张“治天下当以正心诚意为本”。

简单地说，朱熹理学就是以“天理”的名义统治人心的思想体系。由于该学说对当时封建社会的政治制度高度认同和肯定，而被统治阶级认可，受到南宋投降派宰相周必大、副宰相留正等人的推崇。此后，在朝代更迭中，朱熹理学始终立于不败之地，并发展成为历代王朝统治者的官方御用统治思想。

而太学生陈亮则以“志在天下”反驳朱熹理学的“独善其身”，以“实事实功”的思想反对朱熹“存天理，灭人欲”的说教、批评“贵义贱利”的教条。陈亮认为，天理人欲不可分割，求利是人的本性，即所谓的“众人心同”，王道与霸业可以并用，义与德也可双行。陈亮的事功学说在浙江产生了广泛的影响，后又传播到江西。

朱、陈二人关于“王霸”和“义利”的辩论，在当时引起全国性的热议，掀起了一场政治思想斗争。陈亮的主张得到了抗战派主将辛弃疾的支持。但是，辛弃疾在淳熙九年（1182）被罢官，加之陈亮一而再地被投入冤狱，使得事功学派的发展受到了极大限制。

但是朱熹之学，在一定程度上对南宋的复国大业产生了消极的影响，以至于淳熙十六年（1189）正月，金熙宗去世时，南宋朝廷几乎没有任何反应。同时，宋孝宗也因厌倦参决政务，于同年二月，将皇位传给太子赵惇，即宋光宗，自己退居重华宫，做了太上皇。

宫里吴王沉醉，倩五湖倦客，独钓醒醒。问苍波无语，华发奈山青。水涵空、阑干高处，送乱鸦、斜日落渔汀。连呼酒，上琴台去，秋与云平。

——〔宋〕吴文英《八声甘州·灵岩陪庾幕诸公游》

不孝皇帝宋光宗

宋孝宗虽然退位，却不愿意彻底放弃权柄，在内禅之前，又任命亲信周必大、留正分任左、右丞相，王蔺为参知政事。

宋光宗赵惇即位后，不接受宋孝宗的控制，找了个理由将周必大排挤掉，只留下了留正。即位次年，宋光宗改元“绍熙”。绍熙元年（1190），留正升任左相，独专相位。

宋光宗性情柔弱，即位时已经43岁。即位前，虽做过临安府尹却无心政务，又缺乏政治抱负。皇后李凤娘则是个妒悍多事的女人，宋孝宗对这位儿媳一直不满，曾训斥要她学点后妃之德，李凤娘因而对宋孝宗心怀怨恨，时时挑拨宋光宗与宋孝宗的父子关系，使宋光宗视其父如仇敌。

宋光宗即位不久，就患了“心疾”。一次，宋孝宗为儿子搞到一个治心脏病的秘方，并制成丸药准备送去。李凤娘知道后，对宋光宗说：“太上皇打算废掉你，所以准备了那丸药。”宋光宗信以为真，从此不再去看望父亲。

绍熙二年（1191），皇后李凤娘提出立儿子嘉王赵扩为皇太子，宋孝宗不允。李皇后就到宋光宗面前哭诉，称宋孝宗想另立他人为帝，宋光宗听后更加愤恨父亲，从此拒不见宋孝宗。

李皇后挑拨皇帝父子关系的同时，也加紧了对宋光宗的控制。一次，宋光宗见一侍奉的宫女双手白净秀美，十分喜欢。李皇后得知后，就将该宫女的双手斩下，装入食盒送给宋光宗，宋光宗看了之后惊吓成疾。

宋光宗宠爱黄贵妃，李皇后嫉恨在心。绍熙二年（1191）十一月，李皇后乘宋光宗郊祀、宿于斋宫之际，杀死黄贵妃。宋光宗得知黄贵妃暴死后，愤恨不已，但是严重的惧内心理让他对李皇后无可奈何。次日祭天时，又遇到风雨大作，蜡烛全被浇灭，祭祀无法进行。这瞬间的变故交织在一起，令宋光宗以为自己获罪于天，再一次受到惊吓，病情加剧。

宋光宗震惧成疾而不能视事，李皇后趁机亲操权柄，无所顾忌。大封李氏三代为王，亲属门客纷纷依势得官，又大兴土木修建李氏家庙，落成后使用的家庙卫兵多于太庙。

绍熙三年（1192），宋光宗病情好转，副宰相陈骙针对时弊上书陈述 30 余事，其中说道："若后妃不能守本分，则权力会转移；策划台院谏官者塞言路，则私党膨胀。"但是，未受到宋光宗的重视。

对于宋光宗长期不去见太上皇宋孝宗之举，大臣们更是苦苦相劝，但是宋光宗始终不为所动。起居舍人彭龟年甚至为此伏地叩头不止，鲜血染红阶石。一时间，群臣们纷纷就此事上书，还有五百人以辞官罢职请求宋光宗奉孝道，去看望父亲。自汉朝以来，历朝历代都尊崇以孝治天下，遵守孝道已是朝廷考核官员是否合格的重要标准。在这个重视孝道的时代，群臣之请竟然未能唤起宋光宗的孝心，其不守孝道的做法，令朝野上下人心浮动。

绍熙五年（1194）六月，宋孝宗病逝。宋孝宗死前，宰相留正一再恳请宋光宗前往探视孝宗，光宗不肯。孝宗死后还拒绝出面主丧，令宋孝宗葬礼无法进行，朝中骚动。无奈之下，80岁的宋高宗赵构的皇后、宋孝宗的母亲吴氏被朝臣们请出来代行祭奠礼，向外托言宋光宗赵惇有疾，在内宫服丧，以掩朝廷体面。

六月，宰相留正以宋光宗患病为由，请册立皇太子，却遭到宋光宗的拒绝。留正为自己不能说服光宗深感无所适从，为避免是非，借口足伤不辞而去。留正突然出宫，朝廷上下人心惶惶。

宋光宗即位以来，既不守孝道又不作为，令朝臣们越发不安和不满，于是，强势的朝臣副宰相赵汝愚、工部尚书赵彦逾秘密商议，联合殿前都指挥使郭杲逼迫宋光宗退位内禅，同时，请知合门事[①]韩侂胄进宫寻求太皇太后吴氏的支持。吴氏也意识到了局势的严重性，传谕令赵汝愚决策内禅。

就这样，宋光宗赵惇在毫无思想准备的情况下被迫退位，升为太上皇。对此，宋光宗既不入住太上皇的寝宫，也不接受新皇帝的朝见，依然住在皇宫之中以示不满。只是，已经无人在乎他的感受，七月初五日，宋光宗的次子嘉王赵扩即位，是为宋宁宗。这一事件，史称“绍熙政变”。

---

① 知合门事，代阁门司主管官员，掌朝会、游幸、宴享赞相礼仪等事。

李侯不恨世卖友，陆子那须钱买山。

出牧君当千里去，归耕我判一生闲。

中原乱后儒风替，党禁兴来士气孱，

复古主盟须老手，勉追庆历数公间。

——〔宋〕陆游《寄别李德远》

外戚干政

绍熙政变后，赵汝愚因为拥立赵扩有功而不断升迁，很快就当上了宰相。赵汝愚是宋室皇族，宋太宗长子赵德崇的七世孙。同时，赵汝愚也是朱熹理学的忠实信徒。

赵汝愚掌权后，将朱熹召入宫中，令其出任天章阁待制兼侍讲，成为宋宁宗赵扩的老师；又请出陈傅良、彭龟年担任中书舍人，召李祥、杨简、吕祖俭等道学思想家进入朝廷，逐渐形成了以道学家及其追随者为主的政治派别，专权当道，排斥异己。

在赵汝愚扶摇直上之时，参与绍熙政变的赵彦逾、韩侂胄等人却未受重用。赵彦逾被外放四川去做安抚制置使兼知成都府，韩侂胄勉强得了个枢密都承旨的闲官。

韩侂胄是北宋著名大臣韩琦的曾孙，其侄女是宋宁宗赵扩的皇后，是皇亲国戚，但是，就因为这个外戚的身份遭到赵汝愚的轻视。韩侂胄内心不满，赵汝愚则直言道："召宗臣也，汝外戚也，何可以言功？唯爪牙之臣，则当推赏。”韩侂胄在失望的同时，更加嫉恨赵汝愚。

但是，韩侂胄有外戚这个特殊身份，又有兼枢密都承旨的职务之便，经常接近宋宁宗，逐渐得到信任，常常鼓动皇帝以“御笔”直接下达圣旨，很快掌握了特殊的权力。同时，韩侂胄也得到了朝内抗金主战派官员的认同，尤其是副宰相京镗的支持。

为了排挤赵汝愚，韩侂胄通过“御笔”先后将自己的亲信谢深甫、刘德秀、李沐、胡纮等人任命为台谏官，又利用宋宁宗对侍讲朱熹的厌烦心理，鼓动宋宁宗罢免朱熹。朱熹曾劝赵汝愚，对韩侂胄“当用厚赏，酬其劳，而疏远之”。但是，赵汝愚自认为大权在握，不以为然。

绍熙五年（1194）闰十月，朱熹见到宋宁宗，仍大讲“正心诚意、存理灭欲”的道学思想，并借给皇帝讲学之机，干预朝政。宋宁宗不客气地说：“朱熹所言，多不可用！”不久，入朝仅46天的朱熹被宋宁宗罢免。

这时，朝官派系之间依然争斗倾轧。彭龟年攻击韩侂胄，两人均请求辞官，最终，彭龟年被罢出朝，韩侂胄也遭降职，但仍留在京城。庆元元年（1195）二月，李沐上疏称赵汝愚“以同姓居相位”，不符合宋朝的规矩，又以结党专权等理由弹劾赵汝愚。于是，赵汝愚也被罢相，次年正月病死在衡州。

赵汝愚、朱熹被赶出朝，引起朝野不满，随后替赵汝愚鸣不平的人也都被贬出朝。太学生杨宏中、周端朝、徐范、张道、林仲麟和蒋傅六人联名入宫上书，请求留任赵汝愚等人，最后都以

“造谣惑众、支援朝廷”之罪，送到太平州（今安徽当涂），史称“庆元六君子”。

韩侂胄则在赵汝愚罢相后升为保宁军节度使，不久又升为开府仪同三司。京镗升为宰相，谢深甫升为副宰相。朝中以韩侂胄为主的韩党势力逐渐增强。

为了彻底清除赵汝愚、朱熹等人影响，韩侂胄发动了一场批判运动，从理论上论证朱熹之说是伪学。宋宁宗被舆论所左右，认可了伪学之说，于庆元二年（1196）二月下诏，禁止在省试中以道学取士，凡有涉及义理者，悉归别册，不予录取。

十二月，朱熹又被韩党攻击有“不忠、不孝、不仁、不义、不恭、不谦”六大罪状，彻底削职罢官。

庆元三年（1197）二月，伪学之禁再次升级，宋廷下诏规定“伪学之徒”不得担任在京差遣，并清查近年来各科进士、太学优等生是否“伪学之党”。十二月，韩党声言：前日的“伪党”，今日已经变为“逆党”，上请将“伪学逆党”名单编成籍簿，称“伪学逆党籍”，由朝廷发布。此事在历史上称为“庆元党禁”。

党籍名单中有宰执赵汝愚、留正、周必大、王蔺等 4 人，朱熹、陈傅良、彭龟年、楼钥等共 59 人。凡被列入其中的人，皆予处罚。随着对异己的彻底打击，韩侂胄的权势得以进一步巩固。

在党争过程中，宋宁宗未尝加以制止，甚至一味支持韩侂胄，致使韩党的权势日益膨胀。

庆元六年（1200）三月，朱熹去世。十月，韩侂胄进位太傅。虽然其外戚身份不可能被任命为宰相，但是韩侂胄的权力和影响力，已经远胜于宰相。

不久，韩皇后去世，韩侂胄开始略有收敛。为了平息朝廷内外的议论，嘉泰二年（1202）二月，韩侂胄请宋宁宗下诏，放松“伪学之禁”，为赵汝愚、朱熹、周必大、留正等人平反，“伪学逆党”名单中健在的人也都复官自便。“庆元党禁”就此基本结束，而韩侂胄专权却并未结束。

千古江山，英雄无觅，孙仲谋处。舞榭歌台，风流总被、雨打风吹去。斜阳草树，寻常巷陌，人道寄奴曾住。想当年，金戈铁马，气吞万里如虎！

——〔宋〕辛弃疾《永遇乐·京口北固亭怀古》

开禧北伐

韩侂胄专权之际，金国政权则面临着生存危机。由于金朝统治阶级内部矛盾重重，不再兴兵侵宋，但却不断遭受新兴的蒙古部族的进攻，令金国穷于应付、焦头烂额。对此，韩侂胄心思萌动，自认为这是创立“盖世功名”、提升个人声望和地位的机会，决定北伐。

韩侂胄的决定，触动了民众被金国压抑已久的民族情绪，赢得了社会普遍支持，更使其个人权势达到了顶峰。开禧元年(1205)，韩侂胄加封平章军国事，兼国用使，由此集军、政、财大权于一身，位在宰相之上。为了备战北伐，韩侂胄启用被排斥的抗战派和反道学的官员，提拔陈贾为兵部侍郎，吴曦为四川宣抚副使，辛弃疾知绍兴府兼浙东安抚使。

这年冬，金朝使者来宋见宋宁宗时态度傲慢，引起宋宁宗和朝臣的不满，激起人们改变屈辱地位的决心，并积极支持韩侂胄的北伐计划。为了调动抗金派的积极性，开禧二年（1206），宋宁宗追封岳飞为鄂王，授予其极高的历史地位。

韩侂胄的北伐号角虽然已吹响，但是南宋几十年无战事早已军不习练、兵备松弛，甚至无可用之将。同时，抗战派将领大多也都年事已高，比如辛弃疾已是65岁的老翁，可谓有心无力。但是，开弓没有回头箭，韩侂胄加紧征兵马、备兵船、训练军队。为了筹集军费，朝廷开始大量增发楮币，导致市面上流通的楮币虚高。

南宋剑拔弩张，金朝也进入了战备状态，开禧元年（1205）底，金朝在河南新设宣抚司，准备迎战南宋大军。

开禧二年（1206），宋朝北伐展开全面部署，准备三路攻金：主战场放在东路，东路军以两淮宣抚使邓友龙和山东、京东路招抚使郭倪为统帅；中路军以湖北京西宣抚使薛叔似和京西北路招抚使赵淳等为统帅；西路军以四川宣抚使程松和四川宣抚副使兼陕西河东路招抚副使吴曦为统帅。

经过一年多的准备，北伐的宣传不断升温，朝廷上下的气氛变得极度紧张。尽管许多人慷慨激昂支持北伐，但是，以往的经历依然还是让有些人惴惴不安。自三月开始，不断有朝臣上书，反对冒险北伐。四月，武学生华岳上书，力谏朝廷不宜开兵边衅，还揭露韩党专擅弄权，甚至请宋宁宗斩韩侂胄、苏师旦，以谢天下。北伐在即，韩侂胄岂能容忍他人阻挠，盛怒之下，将岳华削去学籍，关进土牢。

四月十九日，朝廷下诏，追论秦桧主和误国之罪，削去秦桧的王爵，改谥号为“谬丑”，以激发军民的抗金情绪。

随后，宋朝对金不宣而战。东路军前锋毕再遇长驱直进，攻克泗州（今江苏盱眙东北），中路军也进占新息（今河南息县）、内乡（今河南西峡）等地，光州义军收复了褒信县。韩侂胄见形势大好，以为北伐时机已到，于五月初，让宋宁宗正式下诏伐金，金朝随即应战，史称“开禧北伐”。

接着，战况完全出乎韩侂胄的意料。三路军的战事都不顺利，先后在唐州、溱水、宿州、泰州等地遭遇重挫。韩侂胄一面惩办用兵不利的皇甫斌、邓友龙、郭倬、苏师旦等人，一面起用反对贸然用兵的丘崈部署长江防线，但是，丘崈只知单纯退守，给了金军进攻的机会。

八月，金军开始全面反攻，兵分九路南下。征集河南壮丁 17 万入淮南，10 万人入荆襄，增援金军已经近 15 万的兵骑。除了东路金军攻入淮南后受到宋将毕再遇的打击、被迫撤出淮南外，其他金军一路狂飙，节节胜利。

关键时刻，十二月，宋西路军将领川宣抚副使兼陕西河东路招抚副使吴曦公开叛变投金，自称蜀王。吴曦是川蜀抗金名将吴璘的孙子、吴挺之子，吴氏三世帅蜀，号称“吴家军”。开禧二年（1206）四月，吴曦向金军献阶、成、和、凤等关外四州，以换取在蜀地封王。六月，金军开始反攻，并决定接受吴曦献降，封其为蜀王。而西路军统帅程松又软弱无能，仓皇出逃。

开禧三年（1207）正月，吴曦的叛变遭到四川军民的唾弃，并展开了激烈的反抗。四川宣抚副使司随军转运使安丙、监兴州合江仓杨巨源及兴州中军正将李好义联志士，于二月二十八日闯入伪宫，诛杀吴曦，平定了这次叛乱。

吴曦叛乱之后，宋金战争进入相持阶段。经过近半年的实战，证明了韩侂胄发动的北伐战争没有胜算。同时，金军也无力再战，只想见好就收，主力撤回淮河以北，只留下一路军驻守濠州，等待和议。

这时，朝中的主降派和韩侂胄的政敌开始大肆活动。韩皇后去世后，宋宁宗立杨氏为皇后，韩侂胄曾多次反对立杨氏为后，与之结下了仇恨。杨皇后指使皇子赵曮上疏，称韩侂胄再启兵端，不利社稷。但是，宋宁宗对此并不表态。杨皇后担心韩侂胄反击，便联合韩侂胄的政敌、主降派礼部侍郎史弥远、副宰相钱象祖共同密谋，指使主管殿前司公事、中军统制夏震刺杀韩侂胄。

十一月初三日，夏震在韩侂胄上早朝的路上埋下伏兵，突袭韩侂胄，将其杀死。宋宁宗此前已经得知了这次刺杀密谋，但是，在杨皇后的哭诉和阻挠下，并没有强硬制止。韩侂胄死后，杨皇后与史弥远大肆清洗韩党，并拥立赵曮为太子，恢复秦桧的爵位和谥号，同时向金国乞和。

第二年，南宋改元“嘉定”。三月，金朝在和谈中要求，必须以韩侂胄的首级赎换淮南之地。尽管送交朝臣头颅的做法有辱国体，但是，为了求和，宋宁宗无原则地答应了金朝的无理要求，割下韩侂胄、苏师旦的头，派使臣王柟送到金朝。

九月，宋金和议达成：金、宋由“叔侄之国”改为“伯侄之国”，宋朝交纳的岁币从银绢各 20 万两、匹，增至各 30 万两、匹，宋朝另付犒军银（战争赔款）300 万两。

江头一带斜阳树，总是六朝人住处。悠悠兴废不关心，惟有沙洲双白鹭。

——〔宋〕辛弃疾《玉楼春》

史弥远专权

史弥远是皇太子赵询[①]的老师，在刺杀韩侂胄的政变中赢得杨皇后的信任，进而巩固了地位。嘉定和议后，史弥远很快从礼部侍郎升到副宰相，嘉定二年（1209）十月，升为宰相，与钱象祖同相。史弥远虽然位列钱象祖之后，但是，宋宁宗对他像过去对待韩侂胄一样信任、倚重。

任宰相一个月左右，史弥远因母亲去世而辞相守丧。他尽管暂时离职，却不能容忍钱象祖独自为相，10天后，钱象祖就被弹劾出朝。

按规定，史弥远应在家守丧三年。可是，在皇太子的建议下，宋宁宗命史弥远留在临安家中服孝，以便皇太子时时咨访。嘉定三年（1210）五月，韩侂胄的老部下罗日愿准备暗杀史弥远。韩侂胄被杀后，史弥远穷究韩党，牵连甚众，罗日愿联络了一些将军、士兵、士人与内侍，计划埋伏在史弥远回朝的路上捕杀他，

① 原名赵㬇，初更名为赵帱，后更名为赵询。

再劫持宋宁宗更换宰执班底。不料有人告密，罗日愿被处死。经过一番政治清洗，朝廷还收缴了韩侂胄等人的钱财 3000 余万缗，地产每年的收入约米 70 万石、钱 130 万余缗。

铲除罗日愿，史弥远更加骄横无忌。仰仗宋宁宗的信任，重新出任宰相，依靠杨皇后与皇子赵询的支持，拉拢亲信，培植党羽，凡对他有异议的朝官一律遭贬。为了博取人心，史弥远为庆元党禁时遭迫害的人士平反，并且招揽道学名士入朝。

史弥远要风得风，要雨得雨。为了拥有绝对的权力，史弥远打破宋朝的宰执制度，一人独揽宰相与枢密使大权，废弃宰执合堂共议的政事堂制度。朝廷任用官员皆须经他同意。

此时，南宋的周边环境再度发生变化。

早在开禧二年（1206），蒙古贵族在斡难河源（今蒙古鄂嫩河）举行忽里台[1]，推举铁木真为“大汗”，尊号“成吉思汗”。成吉思汗将全蒙古游牧民族统一起来，建立了蒙古族的汗国。此后，蒙古骑兵风卷残云般地开始向外扩张。分别在 1205 年、1207 年和 1209 年三次攻入西夏，迫使夏国称臣纳贡。接着集中精力对付金朝。此时的金朝，完全丧失了建国初期的战斗力，金宣宗在蒙古军的逼迫下，亦如宋朝君王一样，选择了南逃，在嘉定七年（1214）七月迁都开封。

同月，宋朝廷在真德秀的奏请下，停止了每年进献给金朝的 30 万两、匹银绢。到嘉定八年（1215），金朝中都（今北京）和辽

---

① 蒙古语，即为蒙古族的诸王大会、大朝会。

东、河北、山东 860 余城，皆为蒙古军攻占，金朝实际控制地区只剩下河南一地。

这时，宋、金两个同样衰败的政权关系再次面临调整。南宋思量着抗金还是守和；而金朝则在考虑“联宋抗蒙”还是侵占更软弱的宋朝。最终，金朝决定南下掠宋，以扩大疆土。

嘉定十年（1217）四月，金宣宗以宋廷不纳岁币为由，发兵渡淮，分道南侵，宋金战事又起。

宋朝仓促应战，六月正式下诏伐金，同时令京湖、江淮、四川等地处置使“便宜行事”。

针对金朝的入侵，宋朝廷虽然坚持“和议”路线，不肯大举发兵对抗，但是允许各地将领抗金立功。因此，在随后的六年间，京湖制置使赵方，枣阳守将赵观，宋将王逸率、李全军，江淮制置使李珏等人率领宋军，联合民兵坚决抗金，一再挫败金军。

面对金军的南侵，老奸巨猾的史弥远手握大权却坐观成败，不明确表态，心思完全不在国事上面。嘉定十三年（1220）八月，皇太子赵询突然去世，下一个皇位继承人是谁才是史弥远最关心的事情。

宋宁宗再无子嗣，嘉定十四年（1221）六月，宋宁宗将堂弟沂王赵抦的养子赵贵和册立为皇子，更名赵竑①，封祁国公。赵竑对史弥远的专权心怀不满，这令史弥远十分不安。皇子赵竑迷恋弹琴，史弥远就送上一名擅长琴艺的美人，作为眼线。美人聪

---

① 赵竑本名希瞿，是宋太祖赵匡胤的第十世孙。

明狡黠，很快博得了皇子的宠爱。由于对史弥远擅权的不满，皇子常常在几案上书写宰相专权的罪恶，并称将来如有可能，必定要把史弥远流放至天涯海角。美人密报皇子的举动，史弥远惊恐万分。为了试探赵竑对自己的态度，史弥远向皇子进奉了奇巧珍玩，却被赵竑乘着酒兴都摔碎在地上。为此，史弥远开始策划另选皇位继承人。

他首先提议再为沂王赵抦过继养子，将自己物色的人选——赵匡胤的十世孙赵与莒——推荐上去。宋宁宗采纳了这一建议，改其名为赵贵诚。史弥远任用自己的亲信、国子学录郑清之兼任沂王府学教授，精心辅导、调教赵贵诚。

同时，史弥远在宋宁宗面前对皇子百般挑剔，甚至诽谤诬蔑，企图废除他，并几次提出册立赵贵诚为皇子的建议，均遭到拒绝。

史弥远废易太子的事毫无进展，金朝侵宋的脚步也突然停止。由于金朝在持续数年的侵宋战争中毫无所得，使得已经羸弱的国力日渐衰败。嘉定十六年（1223）金宣宗去世，太子完颜守绪即位，是为金哀宗。次年三月，金哀宗宣布“更不南伐”，宋金终于停战。

此时，宋朝的经济也因这场战争一蹶不振。战争期间，朝廷大量增发纸币，导致通货膨胀，物价飞涨，经济遭到严重摧毁。宰相史弥远的处理办法就是，朝廷继续加大纸币的发行量。眼见经济陷入难以摆脱的恶性循环中，史弥远却聚精会神算计着废立太子之事。

嘉定十七年（1224）八月，宋宁宗病危。史弥远抓住这一机会，迅速召翰林学士程珌入宫，许诺事成以后引为执政，与郑清之一起伪造遗诏，册立赵贵诚为皇子，赐名为昀。

同时，史弥远要求杨皇后的侄子杨谷、杨石去说服杨皇后同意废易皇子。杨皇后虽然并不满意赵竑，但是也不赞同史弥远的做法。杨谷、杨石反复游说，最终跪地哭诉："朝廷内外皆有改立赵昀之心，如不同意，必生祸患，杨氏家族即无生存之希望。"杨皇后权衡再三，不得不同意，因为她知道史弥远的狠毒手段。

闰八月，宋宁宗病逝，赵昀在灵柩前即位，是为宋理宗。尊杨皇后为皇太后，同听政。废赵竑为济阳郡王，赐第湖州，撵出临安府。赵竑不服，被主管殿前司公事夏震强行按下头，向赵昀行臣子礼。

追念江左英雄，中兴事业，枉被奸臣误。不见翠华移跸处，枉负吾皇神武。击楫凭谁，问筹无计，何日宽忧顾。倚筇长叹，满怀清泪如雨。

——〔宋〕刘仙伦《念奴娇·感怀呈洪守》

丁亥之变

史弥远擅行废立，朝中无人敢言，而朝外则有人借机作乱。

宝庆元年（1225）正月，湖州太学生潘壬、潘丙兄弟和族人潘甫组织太湖渔民、巡尉兵数十人，夜入湖州城，找到济王赵竑，强行黄袍加身，拥立济王赵竑为帝。赵竑不从，潘壬就以武力胁迫，随后，湖州知府谢周卿率官员入贺赵竑登基。

行动前，潘甫曾到淮北争取忠义军李全的支持，相约起事后出兵支援。然而，当潘氏兄弟们以李全的名义开始声讨史弥远擅自废立之罪，并且号称精兵 20 万水陆并进、进攻临安时，李全却爽约。天亮后，济王赵竑发现拥立他的并非忠义军，都是一群渔民和巡卒，深知起事必败，便派人向朝廷报告，并出州兵讨叛。

待史弥远派军赶到湖州时，潘氏兄弟已被济王赵竑捕杀。这件事让史弥远认识到赵竑的影响力仍在，为此决心除去赵竑，以绝后患。不久，史弥远派亲信赴湖州，以奉旨给赵竑治病为由，逼迫赵竑自杀，并杀其子，对外宣布病故。

赵竑之死激起了朝中正直之士的愤慨。起居郎魏了翁、礼部侍郎真德秀、大理寺评事胡梦昱等人不怕罢官流放，数次上书为赵竑喊冤叫屈。史弥远又气又恼，将真德秀、魏了翁等人贬官出朝，胡梦昱贬死。

史弥远露骨的专权统治，不仅使朝中名人贤士纷纷远之，杨皇后也决定远离朝政。宝庆元年（1225）四月，杨皇后主动撤帘还政。此时，宋理宗赵贵诚已经20岁，是可以亲政的年龄。但是，宋理宗决定做史弥远的傀儡皇帝。

宋理宗赵贵诚虽然是赵匡胤的第十世孙，但是在被史弥远选为皇子候选人之前，他的皇室血统早已与皇权无关。赵贵诚出生在绍兴府山阴县，父亲赵希瓐只是当地的一个小官，一家人过着平民的日子。如今虽然得以问鼎皇权，却深知这个皇位是依靠史弥远而来，自己在朝中无立足的根基。杨皇后虽然还政，可是只要史弥远还在，自己就必须等待，必须沉默。这不仅是为了报答史弥远的拥立之恩，也是为了自我保全。

宋理宗甘当傀儡，史弥远则尽情擅权，心腹爪牙遍布朝廷内外，其中最受史弥远重用的是台谏“三凶”，即李知孝、莫泽、梁成大，以及最为世人痛根的“四木”①，即薛极、胡榘、聂子述、赵汝述。同党不遗余力地帮助史弥远迫害政敌，因而得以升官晋爵。

在史弥远的统治下，朝中贪污受贿盛行，政治腐败。皇室、

① 是指名字中都含有“木”字。

贵族、重臣、武将们凭借权势，大肆掠夺土地，民不聊生。各地的“奸民豪族”也纷纷“夺人之田，以为己物”。宋初，地主占田不过几十顷，到宋理宗时占田已达百万亩。

朝政完全掌握在史弥远手中，宋理宗只能做一些史弥远不重视的事情。即位前，他师从郑清之学习朱熹之学，所以十分重视理学。宝庆三年（1227），下诏追赐朱熹太师，追封信国公。绍定三年（1230），亲自撰写《道统十三赞》。在宋理宗的推崇下，朱熹的《四书集注》在学术上占据了统治地位，成为儒学的必读书目。

此时，金兵对宋朝的威胁已经消失，但是，接踵而至的是蒙军的强势入侵。宝庆三年（1227），蒙军在加紧攻金、彻底征服西夏的同时，也开始试探着向南宋的四川入侵，四川制置使郑损弃守七方关（今甘肃徽县与陕西略阳之间）、仙人关（今陕西略阳北）和武休关（今陕西凤县东南），把关外阶州、成州（今甘肃成县）、西和州（今甘肃西和西）、凤州等拱手让给蒙古军。后因铁木真去世，蒙古军才自行撤走。这年是丁亥年，宋朝将其称为“丁亥之变”。

绍定四年（1231），蒙古军再次发动对四川的进攻，先后攻下天水（今甘肃天水西南）、成州、西和州。十月，蒙古军以借道为名攻陷沔州，随后兵分两路，一路由沔州南下，深入四川，大肆掳掠；一路由沔州东向，屠洋州（今陕西洋县）、攻兴元府（今陕西汉中），宋军弃饶风关（今陕西石泉西）不守，宰相史弥远置若罔闻。

蒙古军通过宋境顺利进入河南，金朝急忙调遣据关防河的精兵南下堵击。绍定五年（1232）正月，蒙古军在钧州三峰山（今河南禹州西南）大败金军主力。与此同时，蒙古中路军乘虚渡过黄河，进入河南。三月，蒙古军进围汴京。金朝汴京守军经过近十个月的坚守后，粮尽援绝，金哀宗于十二月逃离汴京。

此前，从嘉定十一年（1218）起，蒙古就建议南宋联合攻金，宋廷对此一直议而未决，担心唇亡齿寒。绍定四年（1231）起，蒙古又数次派使臣约宋攻金。次年，宋朝廷看到金朝灭亡在即，同时为了缓和与蒙古的紧张关系，同意夹击金朝。

绍定六年（1233）六月，金哀宗逃到蔡州（今河南汝南），策划进攻宋境，攻取兴元府，为西逃入蜀打开一条通路。驻扎于河南西南部的金将武仙、武天锡等也做好了迎接金哀宗入川的计划。八月，金军出兵攻打宋境的光化（今湖北光化西）、吕堰（今湖北襄阳东北）。南宋将领孟珙奉京湖安抚制置使史嵩之之命迎战，大败来犯的金军，并乘机攻克金朝境内的邓州、申州（今河南淅川南）、唐州等地。

就在这时，绍定六年（1233）十月，执政长达26年的史弥远病死，宋理宗终于开始亲政。

亲政后，宋理宗一改沉默无为的作风，改元“端平”，以示更化，决心励精图治，改变史弥远执政带来的不得人心的局面。他一面为史弥远追加官爵，追封史弥远为王，又赐谥“忠献”（史弥远对宋理宗有拥戴之恩），一面清除史弥远在朝中的影响，相继罢免了史弥远昔日的党羽；同时，宣布“收倒持旁落之权，聿更大化，择特立独行之士，亲擢紧官”，起用真德秀、魏了翁、洪咨夔等名士，直接任用台谏官，拓开言路。

而后，加封孟珙为统帅，于十一月发兵 2 万，运粮 30 万石，抵达蔡州城南，与蒙古军会合。双方划定围城地界，约定互不侵犯，履约合攻蔡州。

宋理宗寄希望于这场战争，以解南宋之忧。然而，南宋在经史弥远 26 年的腐朽统治之后，“天下之势，已如人垂老而得疾”。宋理宗的更化政治和对外冒进，都无法逆转南宋的颓废之势。

有生必有灭，无庵无可说。

踢倒玉昆仑，夜半红日出。

——〔宋〕孟珙《自颂》

蒙宋开战

绍定六年（1233）十二月，宋、蒙两军对蔡州城发动进攻。金军顽强守城，战争十分激烈。但是，城内粮食断绝，金朝陷入绝境。

端平元年（1234）正月初十，金哀宗将帝位传给蔡州城的东面元帅完颜承麟，指望他率领大家杀出蔡州。然而，就在完颜承麟即位之日，宋、蒙两军分别从南、西两门攻入蔡州城。完颜承麟率领1000金军精锐，与蒙宋联军展开激烈巷战。金哀宗见蔡州城已破，自缢身亡。完颜承麟也为乱兵所杀，金朝就此灭亡。

经过协商，原金朝统治的河南被分为两部分：陈州、蔡州以北州郡归蒙古占领，以南地区归南宋占领。蒙古军主力撤回北方，南宋军队也撤回襄阳、信阳等地驻扎。

金朝灭亡后，宋朝廷举行了隆重的庆典，以此洗刷百年的耻辱。欢乐之后，在对待中原故土的问题上，宋廷又出现了主战和反战两种意见。

六月，淮东制置使兼扬州知府赵葵、沿江制置副使赵范等部分边帅和将领主张乘蒙军主力北还、河南空虚之际，发兵收复三京[①]，将宋朝的边境从淮河、大散关一线北推到黄河、潼关一线。建议一出，立即遭到众多大臣的反对，认为此举过于冒险，必然会引起蒙古军南下。淮西总领吴潜也认为，南宋即使收复河南，也是“取之若易，守之实难”。史嵩之等边帅，以及参知政事乔行简等，更认为宋朝军力、财力均不足以出兵河南。

另外，蒙军主力虽然从河南北撤，但并无放弃河南之意。灭金后次月，就基本攻占了山东地区。

但是，宰相郑清之支持进攻河南。刚刚亲政的宋理宗也颇想有一番作为，于是，罢免了枢密副都承旨吴渊、淮西总领吴潜、边帅史嵩之等反战派官职。端平元年（1234）六月，令淮西制置使全子才自庐州（今安徽合肥）率军万人直取开封，赵葵率宋军主力 5 万人，从泗州（今江苏盱眙东北）渡过淮河北上，赴汴京同全子才会师。

这时，为蒙古防守汴京城的原金朝降将李伯渊杀死主帅崔立，接应宋兵，全子才顺利占领开封。此时的开封城已经是一片废墟。随后，赵葵率领宋军主力也赶到汴京，不顾粮草未集，就命以徐敏子为监军的一支宋军进取洛阳，再命杨义率一支宋军作为后援，各给五日口粮。面对宋军大军来袭，守在洛阳的蒙古军有备撤退，南宋两万人的先遣队伍于七月间顺利进入洛阳空城。这就是宋代历史上昙花一现的“端平入洛”。

---

① 北宋的西京洛阳、东京开封、南京应天府。

蒙古军撤出洛阳城，即刻在城外设下埋伏，随后而来的杨义军，在洛阳东30里处进入了这支蒙古军的埋伏圈，并遭到突袭，溃不成军，杨义仅以身免。八月，洛阳城中的宋军粮草枯竭，蒙古军继续围困洛阳，宋军强力突围南撤，又被蒙古军追击，结果宋军惨败。接着，蒙古军又决黄河堤坝，水淹宋军，宋军只好向南溃退。赵葵、全子才得知入洛失败后，以粮草未集为由，放弃应援洛阳宋军，立即从汴京退兵。整个军事进攻很快以宋军的溃败而结束。

“端平入洛”给了蒙古出兵侵宋的借口。端平元年（1234）十二月，宋朝廷派使臣通好蒙古，遭到拒绝，蒙古指责南宋破坏双方的盟约。不得已，宋军开始着手进行部分防御准备。

端平二年（1235）六月，蒙古大汗窝阔台大举侵宋，分兵三路入侵：次子阔端率西路蒙军从秦（今甘肃天水）、巩（今甘肃陇西）入侵四川；三子阔出率中路蒙军进攻襄阳；皇侄口温不花率东路军进攻江淮地区。蒙宋战争由此全面爆发。

蒙古西路军在川蜀线自凤州（今陕西凤县东）取沔州（今陕西勉县），在蜀北咽喉的青野原被宋将曹友闻击退。端平三年（1236），蒙古军集50万兵力，再次大举向四川进攻，宋军退守由陕入蜀的诸山隘。九月，蒙军破阳平关（今汉中西南），宋将曹友闻牺牲。随后，蒙古军长驱入蜀，一月之间，成都、利州（今四川广元）、潼川（今四川三台）三路的绝大部分州郡陷落。当年冬，蒙古军主力撤出四川，部分蒙古军进抵长江北岸后退兵。

大敌当前之时，南宋唐州守将之间发生矛盾。唐州统制军马郭胜杀唐州守臣杨侁，发动叛乱，并向蒙古军求援。中路蒙古军见机会难得，遂于七月初进兵唐州，开始大规模入侵襄汉地区。襄阳是南宋的军事重镇，自岳飞收复以来经营了130年，就此被抢掠一空。不久，随州（今湖北随州）、郢州（今湖北钟祥郢中）等地相继沦陷，宋京西南路一府八州军，除金州（今陕西安康）外，全部丧失。

东路蒙古军于端平二年（1235）六月南侵江淮。十一月，蒙古军接连攻陷淮西的光州（今河南潢川）、蕲州（今湖北蕲春南）、舒州（今安徽潜山）。进攻真州（今江苏仪征）时，被宋知州邱岳置炮设伏击败，收兵北还。

在蒙古军大举侵宋之后，端平三年（1236），宋理宗下罪己诏，承认“责治太速，知人不明”，次年改元为“嘉熙”。郑清之被罢相，乔行简独相。不久，史弥远的侄子史嵩之被升为副宰相，并督视京西、荆湖南北、江西四路军事，置司于中部的鄂州，总揽全国兵权。

此时，蒙古兵遭到了宋军的有力抵抗。另外，蒙古主力却被调去第二次西征，出征频察、俄罗斯等国，侵宋也只是为了掳掠财富。因此，到嘉熙二年（1238），蒙宋战争开始缓和下来。

见战事有所缓和，宋理宗便准备向蒙古求和，并得到史嵩之的支持。随后，宋理宗派遣“蒙古通好使”去向蒙军求和。嘉熙三年（1239），蒙古使臣入临安，向宋朝提出贡纳岁币银20万两、绢20万匹的议和条件。史嵩之主张和议，签书枢密院事李宗勉反对，宋廷犹豫不决。

三月，宋军在对蒙战事上占据了主动。荆湖制置使孟珙调兵遣将，先后收复郢州及荆门、信阳、光化军、樊城、襄阳等州郡。随后，孟珙在长江中上游构筑三道防线，以防御蒙古军从长江上游及云南、广西对宋朝进行战略包围。同时，孟珙积极扩充军队，训练士卒，将蔡州、息州投降的兵士整编为忠卫军。

由于四川的财赋占有重要的地位，为了防止蒙古兵的抢掠，嘉熙四年（1240）二月，朝廷又调孟珙任四川任宣抚使兼夔州知府，并节制荆湖的归（今湖北秭归）、峡（今湖北宜昌）、鼎（今湖南常德）、澧（今湖南澧县）等州的军马。孟珙在川东大兴屯田，选择险要建筑兵寨，招募军队。并且训练农民治兵习战，使广大农民无事则耕，敌至则战。

南宋在积极防御，而蒙古内部却为争夺汗位展开了激烈斗争。淳祐元年（1241）年底，蒙古大汗窝阔台病逝，蒙古无暇向南侵宋，蒙宋战事暂告一段落。

移溪实壑误明君，惊动沿江十十国。

幸是不沈湘水死，有何面目见灵均。

——〔宋〕林桂龙《嘲丁大全》

末世风流

淳祐年间（1241—1252），由于周边战事缓和，宋理宗将精力用到了政治改革方面。

自亲政以来，宋理宗一直很谨慎地选择宰相，以防止再度出现史弥远专权的现象。由于史弥远的影响，时人对史嵩之也没有好感。但是，为相之后，史嵩之先后起用孟珙、余玠等人，在抗御蒙古南侵中卓有功绩，因而深受宋理宗的赏识。

不过，史嵩之自恃有功而骄狂日盛，显露出史弥远专断的余风，引起朝臣的广泛不满。淳祐四年（1244）九月，宰相史嵩之父亲去世，宋理宗有复用之意，舆论大哗。144 位太学生上书，指责史嵩之恃势怙宠，殄灭天良。宋理宗也唯恐他成为史弥远第二，虽有袒护之意，却也没再起用。其后，以范锺、杜范并相。

这一时期，宋理宗启用了一批名士出任宰相、执政，除范锺和杜范之外，副宰相李性传、国子祭酒徐元杰、侍御史刘汉弼等人都深孚众望。淳祐五年（1245），杜范死在宰相任上，游似与范锺并相。两人虽政见不合，但都能克己奉公。

同时，宋理宗还控制取士人数，严格升迁制度，减少官吏权摄，推行吏部考功条法，大力整治腐败，提高行政效率。另外，宋理宗出自民间，深知刑狱之弊，所以亲政之后即诏天下恤刑，又亲自撰制《审刑铭》，以警示官员自律。每当大暑来临之时，他都会亲自审判犯人。除了杀人犯、伪造印鉴和货币犯、贪污犯以及身居高位的军人渎职犯以外，其余的罪犯都免除死罪。

在财政方面，南宋朝廷曾一度滥发纸币，造成通货膨胀、物价暴涨。为此，宋理宗下令停止发行新币，回收旧币。货币的供应量减少，暂时抑制了通货膨胀。

淳祐七年（1247）四月，有清明之誉的郑清之再度为相。抗战将领赵葵出任枢密使兼副宰相，吴潜、史宅之、谢方叔、别之杰等先后入居执政。次年，余玠守蜀有功，被任为兵部尚书，仍驻四川。新贵执政，南宋又有了振作的气势。

淳祐九年（1249）十一月，为了加强皇权，打击朝臣结党营私，宋理宗下诏训诫："凡士庶上书涉私邪，朋奸罔上妄肆雌黄，一律严加追究。"

宋理宗革除弊政，虽然暂时稳定了政局。但是，已经病入膏肓的南宋王朝，远非一针强心剂所能拯救。

淳祐元年（1241），蒙古侵宋的战争暂停之后，双方处于相持状态。南宋利用这个喘息之机，加强了防御体系。先后任命孟珙为四川宣抚使、京湖安抚制置大使，余玠为四川安抚制置使兼四川总领，招兵练卒，在川蜀、京湖等地也加强了防务。淳祐六年（1246），孟珙去世，四川驻防的重任都落在余玠身上。余玠上任不久，采纳部将的建议，根据四川的地形条件，以合州（今重庆合川）作为重庆城的屏障，四川制置副使彭大雅在钓鱼山筑塞加强防御。根据四川的地形条件，余玠不断加强钓鱼山的防筑工程，建立了被后世称为“蒙古军绞肉机”的钓鱼城防御体系，并将这种防御方法推广到四川其他主要水系上的山城，构建起一整套如臂使指的山城防御体系。

淳祐十一年（1251），蒙古贵族拥立蒙哥为大汗，内部局势得到稳固，便腾出手来，决定消灭南宋。蒙哥派忽必烈镇守中原汉地，并领兵进征南宋。忽必烈深知南宋防守严密，一时无法正面进攻，便奏请先取大理国，对南宋采取迂回包围之计。蒙军取道吐蕃，过大渡河，强渡金沙江，未遇太多抵抗，宝祐元年（1253）冬，蒙古军攻占了大理首府太和城（今云南大理）。不久，蒙古军又消灭了安南国（今越南），完成了对宋朝的战略大包围。宝祐二年（1254）春，忽必烈班师北还，留下速不台的儿子兀良合台驻守大理，继续征服尚未归降的其他部落。到宝祐三年（1255），大理各部均被征服。

这一次，蒙古改变了以抢掠为主、掠完即撤的战略，而是充分利用已攻占的州郡作为进攻南宋的据点。并且在襄、邓一带及蜀口的沔州、利州等地开始分兵屯田，驻兵守卫，且耕且战，步步为营。

在生死存亡的关头，南宋政权的权力斗争依然激烈。

经过余玠十年的经营，四川一带军事防御、经济发展形势已趋稳定。宝祐元年（1253），余玠在革除军中“举代之敝”、治理不服从军令的将领行动中与姚世安结怨，姚世安得到宰相谢方叔的支持，向理宗诬告，攻击余玠独掌大权，却不知事君之礼。理宗听信谗言，五月，以金牌密令召其还朝，同年七月余玠暴卒。次年，余玠的部将王惟中，被诬告潜通蒙古而处死。

此时的宋理宗厌倦了朝政，追逐声色，尽享为人主的乐趣；不顾山河残破，动用国库大兴土木，营造寺观园林，为宠妃建造富丽堂皇的功德寺。派遣吏卒强集木材，砍伐树木。权左司郎中高斯得上疏请停止兴建寺庙，却被谢方叔罢官。

宝祐元年（1253）正月，宋理宗召临安城的名妓唐安伦入宫尽欢，整日沉湎在诗酒之中，尽享奢侈豪华生活，放任得宠的阎贵妃伙同侍御史丁大全、宦官董宋臣干预朝政。

宝祐三年（1255），宋理宗又以董宋臣为督建佑圣观，先后建了梅堂、芙蓉阁、香兰亭等处，供理宗尽情享乐。

这时董槐为相，兼枢密使，主掌军务。董槐以收复中原为己任，欲重振宋朝国威，主张继续整肃朝政。强调“外有敌国，则其计先自强”。然而，朝廷内部政治斗争不断，董槐在宝祐四年（1256）遭到了丁大全的弹劾。

丁大全是侍御史，常在宋理宗身边走动，倍受恩宠。董槐罢相不久，丁大全升任右谏议大夫、签书枢密院事，晋升副宰相。丁大全的党羽马天骥也被任命为同签书枢密院事，独揽军权。如此一来，丁大全在外浊乱朝政，董宋臣则用事内廷，招权纳贿，无恶不作。太学生上书论丁大全专擅，宋理宗不顾舆论，削去太学生的学籍，并且下诏禁止学生妄论国事。

就在丁大全、董宋臣相互勾结、独擅朝政的时候，宝祐五年（1257）蒙哥下诏，大举侵宋。

宝祐六年（1258）二月，蒙古军队分三路向南宋大举进攻，计划先占据长江上游与中游，再顺江而下，一举灭宋。其中，蒙哥汗亲率主力 4 万攻打四川，然后出峡东下；忽必烈率军进攻鄂州（今湖北武汉武昌区）；兀良合台从安南出兵，经广西北上与忽必烈会师。三路军会师后，围攻南宋都城临安。

危急时刻，宋理宗仍一意孤行，同年又升任丁大全为宰相兼枢密使，总揽军政大权。为相后，丁大全因隐匿蒙军大举侵宋的军情不报，于开庆元年（1259）被罢相，死在流放途中。随后，宋理宗起用吴潜、贾似道为宰相，兼枢密使。两人为相后，全力消除丁大全的同党。接着，宦官董宋臣被赶出宫。阎妃也在景定元年（1260）病死。

此时，蒙哥主力军已入蜀大散关，由利州（今四川广元）直取剑门，宋军节节败降。经过近一年艰苦攻战，开庆元年（1259）蒙哥进至合州钓鱼城下。宋将王坚在合州调集了属县 17 万人，增筑钓鱼城，设防坚守。二月，蒙哥亲自督战攻城，王坚率军奋力阻击，蒙古军连攻五月不克，伤亡巨大。

七月，蒙哥命蒙军主力从钓鱼城撤兵，转攻重庆。就在这时，九月，蒙哥去世，侵蜀的蒙军又从重庆府、合州等地撤兵北返，形势随之变化。

当蒙哥在钓鱼城死去的消息传来时，忽必烈已经在进军鄂州的途中。因为不想无功而返、失去夺取汗位的资本，忽必烈率军迅速抵达长江北岸包围鄂州，随即攻城。但是，孟珙早期在长江一带的防务建设比较完善，忽必烈猛攻不克。同时，贾似道与宋将吕文德率军驰援，使鄂州免于沦陷。

另外，从云南北上的兀良合台军，在六月侵入广西后，遭到宋军顽强抵抗。十月，这路蒙古军绕道进入湖南，一个月后抵达潭州（今湖南长沙）城下。

十一月，蒙古传来忽必烈之弟阿里不哥在漠北图谋继承汗位的消息。忽必烈担心弟弟先据汗位，打算撤军，同时扬言要直捣临安。消息传来，令握有重兵的宰相贾似道惊慌失措。作为历任沿江、京湖、两淮的制帅，贾似道已经在鄂州之役中阻止了蒙古军的猛烈进攻，却在这时决意投降。并且自作主张，派使臣往蒙军议和，表示愿向蒙古称臣纳贡。

贾似道不请自来，忽必烈也就顺水推舟，许宋议和。但是，双方还没来得及讨论具体条款，忽必烈就率军急忙经燕京返回开平（今内蒙古多伦）抢夺汗位去了，蒙古的议和使者赵壁也随蒙古军匆匆北还。忽必烈撤去了对鄂州包围，并通知兀良合台退兵，使潭州之危解除。宋蒙之间的战事也暂告一段落。南宋王朝又获得一次喘息的机会。

忽必烈撤兵后，贾似道隐瞒了私自同蒙古达成和议的真相，谎称宋军大捷。宋理宗信以为真，特下诏褒美，称赞贾似道为“股肱之臣”，不久又封他为少师、卫国公。从此，贾似道成了南宋最有权势的朝廷重臣。

三百年余历数更，东南万里看升平。

黄金台上麒麟阁，混一元勋是贾生。

——〔宋〕刘埙《嘲贾似道》

蟋蟀宰相

景定元年（1260）四月，贾似道回到临安，将恪守忠直的宰相吴潜排挤出朝，开始独揽宋廷朝政。

贾似道（1213—1275）是台州天台人，父亲贾涉是南宋的抗金将领。绍定四年（1231）七月，贾似道之姊入侍后宫，深得宋理宗赵昀的宠爱，一年后升为贵妃。贾似道也从此仕途亨通，历任知澧州、湖广总领、户部侍郎、沿江制置使、知江州兼江西路安抚使、京湖制置使兼知江陵府、京湖安抚制置大使。

开庆元年（1259），蒙古军大举侵宋，宋理宗几乎将抗蒙重任都交给了贾似道，以贾似道为枢密使兼京西湖南北四川宣抚大使、都大提举两淮兵甲、总领湖广京西财赋、总领湖北京西军马钱粮、专一报发御前军马文字兼提领措置屯田兼知江陵军府事等职。忽必烈撤军后，贾似道以“再造宋室的功臣”身份还朝，并以此窃取了朝政大权。

景定元年（1260）五月，忽必烈继承汗位，效仿中原主朝以年号纪岁之法，建元“中统”，创立蒙古政权。但是，由于内部统治尚不稳定，与北阿里不哥的汗位之争还没有结束，也就无暇南侵宋朝，于是派出使臣郝经往宋，商讨鄂州提出的和议之事。贾似道担心自己在鄂州主动求和一事暴露，便怂恿宋理宗反对和议，拒绝接待郝经。而郝经偏偏是个不达目的不罢休之人，迟迟不见南宋同意入境，便自行带领随从人员渡淮河进入扬州。贾似道见状就以扬州使馆被烧毁为由，将郝经一行拘留在真州（治今江苏仪征）的军营之中，时间长达 16 年之久。其间，蒙古多次派出使臣访问郝经的行踪，宋廷均不予理会。

入主朝政以后，贾似道大肆排除异己，巩固权位。将吴潜贬官赶出朝廷，还以“党人”的罪名，把支持吴潜的官员都驱逐出朝。攀附宦官董宋臣、卢允升而得以升迁的林光世等朝官也被全部革职。谢皇后娘家外戚谢堂骄横难制，也被贾似道罢为祠官，再请宋理宗下诏：“外戚不得任监司、郡守。”

对那些心怀不满的武将，贾似道同样不手软。当时，武将边帅虚报开支已是公开的秘密。贾似道借口厘清财费、整顿军政，在武将中实行打算法[①]，趁机罗织“赃私”“侵盗官钱”等罪名，肆意迫害贤能之士。名将王坚被调离合州，闲置不用，郁恨而死。潭州知府赵葵也被罢官。大将杜庶、史岩之等人遭到拘禁。多数抗蒙功臣都被以各种罪名弹劾免官。

由于打算法的迫害，潼川安抚使刘整叛宋降蒙。刘整本是南宋一员骁将，与上司四川制置使俞兴不和，俞兴借“打算法”报

① 打算法就是通过核实军费开销，整饬不驯武将。

复刘整，刘整向朝廷申诉无门，终以泸州 15 郡降附蒙古。他的叛降改变了宋蒙在四川地区的力量对比，也使蒙古了解了南宋的虚实，战争形势对宋朝非常不利。

贾似道全力打击武将，却在宋理宗提倡道学的基础上，进一步任用大批道学家做官。强敌当前之时，朝廷上下不讲抗战存国，一味强调“修身养性，存理灭欲”；在国事紧急之时，人人“只论是非，不论利害”。这种“不察事势，好为高论”的社会风气，也注定南宋王朝即将油尽灯枯。

另外，严重的冗官现象也加重了政治腐败。宋真宗、仁宗时期，宋朝以 320 余郡的财赋供给 1 万多官吏的俸禄。而时下却是以 100 余郡的财力养活 2.4 万多名官吏，负担之重可想而知。

面对财政危机，贾似道毫无良策，只知增发纸币以及“和籴”①，结果滥发纸币，物价上涨，军粮供给严重不足。景定四年（1263），贾似道开始在浙西推行公田法②，认为是一举五得的举措，可以“免和籴、可以饷军、可以停造楮币（滥发纸币）、可平抑物价、可安富室，一事行而五利兴”。实际上却使社会经济滑向崩溃的边缘，南宋王朝的财政危机也越陷越深。

公田法一出，便有官员反对，宋理宗见事关重大，欲下诏缓期施行。贾似道就以辞职相要挟，并把自己在浙西的一万亩献出来充公田，以示大公无私。宋理宗并未对此再深入思考，想当然

---

① 官府以议价交易为名向民间强制征购粮食。

② 南宋政府为增加赋税收入而向民间强制征购土地的措施。

地认可贾似道的主张。最初，公田法只买官户过限之田的 1/3，后来范围扩至百姓。田价被逐渐压低，良田有值 1000 贯者，不仅按 40 贯收买，而且其中一半以毫不值钱的度牒[①]和官诰[②]折价。一些买田官吏为多买邀功，强行搜括，凡不从者，即“肉刑从事”，害民尤甚，民间怨声载道。

七月，台谏士庶、御史台官员纷纷上书，批评公田法施行导致民间愁怨。宋理宗最终还是选择支持贾似道，使公论顿沮。

景定五年（1264），忽必烈迁都燕京，内部统治基本稳定，注意力再次转向南宋。

当年十月，宋理宗赵昀病死。24 岁的太子赵禥即位，是为宋度宗。

宋理宗的两个儿子早逝，赵禥是他唯一的亲侄子。赵禥先天发育不良，生来手脚软弱，资质低下，但是宋理宗还是将皇位传给他，因为他相信亲侄子不会否认自己当初即位的合法性。宰相吴潜曾反对这种安排，终遭罢相。

宋理宗死后，贾似道决计将宋度宗赵禥控制在手中。咸淳元年（1265）三月，贾似道欲擒故纵，辞相返回绍兴老家，同时令京湖安抚制置使吕文德向朝廷报称蒙古军来攻，吓得宋度宗不知

---

① 度牒是中国封建王朝对经过国家批准“得度入道”的僧尼所发的证明书。僧尼有了度牒，身份明确而特殊，能享受许多特权，如免除地税徭役等。南宋朝廷滥售度牒，称可免丁钱或清闲钱。

② 皇帝赐爵或授官的诏令。

所措，急召贾似道回朝。宋度宗的依赖，令贾似道更加专横跋扈。

宋度宗智力平庸，发育不良，却以好色而闻名。宋朝宫制规定：嫔妾宫女被皇帝“临幸”后，次日早晨要赴合门谢恩，宦官记录年月日以备日后怀孕有据可查。宋度宗即位后，一日内谢恩的嫔妾宫女竟达30余人。

另外，宋度宗还热衷于蹋球，每日无论多大的政事都可放下，都不能影响他尽兴地踢球。宋度宗荒淫昏庸，贾似道则投其所好，使宋度宗沉迷酒色、玩乐之中，朝政都交给贾似道。必须由皇帝批示的奏折，宋度宗也都交给宠妃王秋儿等人代理。如此这般，佞臣以昏君为政治靠山，擅权自专，为所欲为。

咸淳三年（1267），忽必烈接受了降将刘整的建议：“攻宋方略，宜先攻襄阳。若得襄阳，则浮汉入江，宋国可平。”加快了侵宋的步伐，造战舰5000艘，练水兵7万人，并且在汉水东面的白河口筑城，切断了襄阳的粮饷通道。

这一年，贾似道晋封为平章军国重事，位在宰相之上。战事危急，贾似道却闭口不谈兵事，也不做任何防御准备。而是在西湖及风景秀丽的葛岭，建筑了多处楼台亭榭，称之为“半闲堂”，包养妓女、尼姑数人，随意享用，不务政事。

咸淳四年（1268），蒙军南下攻宋，围困襄阳。咸淳五年（1269）二月，蒙古军大兵压境，包围樊城。而贾似道仍在临安葛岭的府第中逍遥自在，与群妾趴在地上斗蟋蟀。玩乐之余，贾似道还专门写了一本《蟋蟀经》，吹嘘自己的斗蟋蟀心得，因而有了“蟋蟀宰相”的骂名。

襄樊四载弄干戈，不见渔歌，不见樵歌。试问如今事若何？金也消磨，谷也消磨。

柘枝不用舞婆娑，丑也能多，恶也能多。朱门日日买朱娥，军如如何？民事如何？

——〔宋〕杨佥判《一剪梅》

最后的挣扎

咸淳四年（1268），蒙古军围攻襄阳、樊城，宋、蒙之间打响最激烈持久的襄樊之战。

襄阳和樊城夹汉水而对峙，宋军在水中植木，联以铁索，中造浮桥，作为两城互相支援的交通要道。蒙古军决心不惜一切代价夺取襄、樊两城。

为打破蒙军对襄、樊的包围之势，防范蒙古军从京湖地区长驱直入，宋朝廷积极增援襄、樊。咸淳五年（1269），宋军先后三次增援襄、樊都失利而退。咸淳六年（1270）正月，贾似道以李庭芝为京湖安抚制置使，督师解围。随后，贾似道又让范文虎独领一军解襄、樊之围，同时命范文虎牵制李庭芝。李庭芝欲进兵，范文虎则迟迟不动，整日击球饮宴，直至九月才发兵增援。

咸淳七年（1271）四月和六月，范文虎先后两次前往襄阳，都在兵至鹿门山（今湖北襄阳东南）时被蒙军击败，范文虎丢弃战船、辎重逃走。

十一月，忽必烈改蒙古国号为“大元”，并颁布建国号诏，喻示他将取代南宋王朝，延续在中原王朝的统治。同时，蒙军继续猛烈进攻襄阳、樊城。

咸淳八年（1272），襄阳和樊城已经陷入蒙古军重围近五年之久，城内粮食还勉强维持，但是食盐、布匹等物资业已告罄，城外援军却迟迟不见踪影。

五月，抵达郢州（今湖北钟祥郢中）的李庭芝，因兵力有限只能防守，无力进攻。为了解襄阳之围，李庭芝出重赏在当地招募了3000敢死队，派民兵领袖张贵、张顺统领战船百艘，向襄阳突袭。敢死队成员人人奋勇争先，夜晚乘风而进，直冲重围，成为襄阳围困以来唯一一次成功援救。但是，接下来的战役中，因为范文虎没有应约发兵夹击，导致张贵孤军作战，兵败被俘。范文虎自己援襄无功，又掣肘李庭芝，使其援襄不能有所作为。

咸淳九年（1273）正月，樊城失陷，守城将领范天顺、牛富战斗到最后一刻自尽而亡。樊城失守，襄阳失去依靠，在元军的炮火攻击下，襄阳独木难支。守将吕文焕坚守孤城五年之后绝望变节，接受元军的招抚，献出襄阳，投降元朝。

襄阳、樊城二城相继失守，极大地震动了南宋朝廷。贾似道却为自己开脱，吹嘘说：“陛下如果早点允许我上前线，事情也不至于此。”群臣纷纷上书指责朝廷失策，给事中陈宜中说：襄阳、樊城的失陷，都是由于范文虎怯懦逃跑，应该斩首。贾似道不准，只将范文虎官降一级，调任为安庆知府。

太府寺丞陈仲微则上书直言："失襄之罪，君相当分受其责。只有君相幡然改悟，天下事还可为。"贾似道大怒，将陈仲微贬斥出朝，降为江东提点刑狱。其他批评贾似道的官员也纷纷被罢官出朝。

襄阳、樊城失陷，导致南宋的长江中游门户洞开，为元军进攻临安打开了道路。

咸淳十年（1274）六月，忽必烈下诏宣布南伐。七月，宋度宗赵禥病死，留下三个儿子都未成年，长子赵昰 7 岁，次子赵㬎 4 岁，三子赵昺 3 岁。最后，在贾似道的坚持下，次子赵㬎继承皇位，是为宋恭帝，尊宋理宗的皇后谢太后为太上皇太后。谢太后临朝听政，贾似道依然专擅朝政。

正所谓"主少国危，大臣未附"。历朝历代，每逢君主年幼、国家危急之时，大臣们都难以依附，更何况这奸臣当道之世，注定了大宋王朝向终点走去。

九月，元军在襄阳完成了集结，忽必烈命左丞相伯颜统领 20 万蒙古军大举灭宋。伯颜兵分两路，水陆并进。左路由博罗欢及降将刘整率领，自陆路从京湖进攻淮南，直取扬州；右路由伯颜和阿术率元军主力走水路，从襄阳入汉水过长江，攻占临安，以降将吕文焕为先锋。

元军长驱直入，宋廷竭力调兵遣将，并号召天下勤王，同时改元"德祐"。

面对元军的强烈攻势，宋军在郢州、青山矶一带进行了顽强的抵抗，但是汉阳、鄂州还是相继献城降元。德祐元年（1275）

正月，元军沿长江东下后，黄州、蕲州、江州、德安、六安等地守将望风败降。这时，元左路军前导刘整病死。而伯颜所率元兵已到达江州（今江西九江），安庆知府范文虎献城投降，元军又进驻安庆府。

鄂州易手后，群臣纷纷奏表，要求贾似道亲自出兵抗元。贾似道不得已出任都督诸路军马，抽调各路精兵 13 万，随军战船装载辎重、金帛和妓妾，出师应战。

兵至芜湖，贾似道与鄂州兵败后逃到庐州（今安徽合肥）的夏贵部会合。同时派人向伯颜求和，表示愿意向元朝称臣、纳币一如开庆鄂州之约，以求元兵撤退。伯颜对此不屑一顾，并称“宋人无信，惟当进兵”。德祐元年（1275）二月，元兵攻陷池州。

贾似道见求和不成，只得将精锐 7 万人交总统诸军孙虎臣统领，驻扎于池州下流的丁家洲，让夏贵指挥战舰 2500 艘布阵江中，自己屯兵鲁港（今安徽芜湖南）。随后，元、宋在丁家洲展开大战，结果宋军水陆主力几乎丧失殆尽。贾似道携带的大量军资器械，全部成为元兵的战利品。

兵败丁家洲后，贾似道逃到李庭芝驻守的扬州，并上书谢太皇太后，请朝廷迁都逃跑，谢后未回应。但是，贾似道祸国殃民的行径终于激怒朝廷内外，朝臣纷纷要求罢官治罪甚至请斩贾似道，最后，谢太后以“似道勤劳三朝，安忍以一朝之罪，失待大臣之礼”为由，只罢贾似道官职，贬到循州（广东龙川）安置。九月，贾似道在流放途中，被押解他的郑虎臣杀死在福建漳州的木棉庵。

辛苦遭逢起一经，干戈寥落四周星。
山河破碎风飘絮，身世浮沉雨打萍。
惶恐滩头说惶恐，零丁洋里叹零丁。
人生自古谁无死，留取丹心照汗青！

——〔宋〕文天祥《过零丁洋》

留取丹心照汗青

丁家洲大战，元军得以兵不血刃地占领建康城。随后，元军以建康为南进基地，兵分四路，攻占了周围的溧水、广德、常州、镇江等地，完全控制了该地区。德祐元年（1275）十月，元军主帅伯颜命阿术再次包围扬州，并率主力分兵三路直奔临安，向临安发起了最后的进攻。

形势危急之际，南宋宰相王爚与陈宜中却政见不合。王爚提议：宰相应该协调出师抗元之事，严惩弃地逃遁的文官武将；陈宜中则畏惧推托，反对惩治逃遁之臣。谢太后将王爚贬为宫观官司。十月，谢太后任命留梦炎、陈宜中为宰相，这时临安城里的官僚已经争相逃匿。

十一月，伯颜亲率元中路军进攻常州。南宋知州姚訔、通判陈炤、都统王安节等奋勇守城。伯颜率元军在城外役使当地居民运土筑垒，为了加高堡垒与城墙持平，伯颜将运土居民一起埋入垒中；还指使士兵杀人煎膏、取油作炮。两个月后，姚訔在城破时战死，陈炤、王安节率宋兵展开巷战，最终阵亡。

右路元兵攻取了安吉（今浙江安吉）东南的独松关，附近州县宋兵望风遁逃。左路元军由董文炳率领，以水军进攻江阴军，江阴军投降后，元军由海道经华亭（今上海市松江）杀奔澉浦，从东北面逼近临安城。

此时的南宋，并非完全无力抗元，也不缺乏力战到底的将领。李芾在潭州、李庭芝和姜才在扬州、马塈在青江府（广西桂林）、张珏在四川都领导军民进行了英勇的战斗，以死抗元。

赣州知府文天祥，接到谢太后的勤王诏书后，变卖全部家产以充军费，征调组织了三四万人的“勤王军”。八月，率部抵达临安，却未得到宰相陈宜中的信任，被派往平江任知府。

面对元军的大举进攻，陈宜中和谢太后没有利用聚集在临安城内外的10余万勤王宋军进行最后的抵抗，而是派出使臣前往无锡，请求伯颜退兵议和，伯颜拒绝求和，要求宋朝投降纳土。

十一月，元军攻破了临安门户独松关。文天祥和总领都府诸军张世杰建议，派兵护卫谢太皇太后、全太后（宋恭帝的母亲）及宋恭帝逃往海中避难，自己率宋军同元兵决一死战。宰相陈宜中竭力反对，说服谢太后派人向元军献出玉玺、降表请降。德祐二年（1276）正月十八日，南宋向伯颜献上传国玺，无条件投降。

伯颜接受降表，要求宋朝宰相来营商议具体事宜。陈宜中接到消息后，当晚就逃往温州。张世杰率军退走海上至庆元府（今浙江宁波）。其他宰执无人愿意出面，谢太后临时任命吴坚、文天祥为宰相，兼枢密使。文天祥奉命出面主持残局，但不受宰相衔，以资政殿学士的旧职出使元军。伯颜放还吴坚，扣留了文天祥，并将他送往北方，文天祥途中逃离元军。

二月初五日，宋恭帝赵㬎出城投降，宋朝灭亡。

三月初二日，伯颜入临安城，部署北归事宜。十三日，宋恭帝、全太后、两宫后妃、宗室、官僚和太学士等到数千人，以及南宋的所有宫廷物资，都被元军押往元大都（今北京）。太皇太后谢氏因病暂留临安，不久也被押往大都。6 岁的宋恭帝被元世祖废为瀛国公，后来入寺为僧，1323 年，在吐蕃被赐死。

宋廷投降后，伯颜命令谢太皇太后书写手诏，又命南宋三省、枢密院发布檄文，号召所有未陷之南宋州郡停止抵抗。

此时的大宋江山，早已被“马蹄踏碎琼瑶影”，可是仍有南宋军民坚持不投降，散落各地的将领誓不降元，一息尚存，抗战不止。

德祐二年（1276）五月初一日，逃亡福州的陈宜中、张世杰、陆秀夫、苏刘义等人扶立 9 岁的宋度宗长子赵昰为帝，改元景炎，是为宋端宗。

赵昰政权建立后，继续号令抗元，复兴宋朝。流亡小朝廷的建立，给了正在艰苦抗元的将领们些许鼓舞。七月，文天祥到达南剑州，开设督府，传檄起兵。但这时各地守将基本无兵，时势也已不同。

九月，元兵由明州（今浙江宁波）和江西出发，大举向福建、广东地区进军。十一月，在降将王世强的引导下，元军相继攻占建宁府、邵武军、南剑州。

陈宜中、张世杰等人用海船载着大批宋兵，护送赵昰撤退到泉州港口。不料，泉州守臣蒲寿庚叛变，陈宜中等人又护送宋端宗赵昰向潮州方向撤退。

景炎二年（1277）六月，文天祥从福建路转移到广南东路，进入江西，在雩都大败元兵，收复兴国。不久，又收复吉州、赣州的属县，包围赣州，气势颇盛。文天祥的部队多为乡间百姓、豪杰、忠义之士。

八月间，元朝见文天祥在江西的声势越来越大，急忙派出骑兵，由江西宣慰使李恒率领，发动反攻，文天祥退走汀州，屯兵于南岭。这一战，文天祥妻儿被掳，主力溃散。

此时，元军继续向南追击宋端宗，迫使流亡政权一再迁徙，再次逃离潮州经海道至惠州；景炎二年（1277）十二月撤到珠江口的井澳。逃亡的路上，陈宜中脱离了宋端宗行营，自去占城，当了逃兵。年仅10岁的赵昰经不起颠沛流离的海上逃亡，惊悸成疾，景炎三年（1278）四月病死。此时，众臣多欲散去，但是在张世杰、陆秀夫的鼓励下，留守众臣又拥立宋度宗三子、7岁的赵昺为帝，改元祥兴。

这年二月，文天祥转至湖、惠等地，继续抗击元军。八月，驻在崖山（今广东新会南海中）的流亡宋廷封文天祥为少保、信国公。十一月，文天祥率兵进驻潮阳，讨伐叛军陈懿。不料，陈懿引来元军，文天祥撤至海丰。

十二月，文天祥在海丰以北的五坡岭，突遇元兵，苦战被俘，部下殉难者不计其数。

祥兴二年（1279）正月，主持两广军务的元军大将张弘范率水军大举进攻崖山，文天祥也被押在船上。船舰经过珠江口外的零丁洋时，文天祥奋笔疾书，写下《过零丁洋》。诗云：

辛苦遭逢起一经，干戈寥落四周星。
山河破碎风飘絮，身世浮沉雨打萍。
惶恐滩头说惶恐，零丁洋里叹零丁。
人生自古谁无死，留取丹心照汗青！

进攻崖山前，张弘范劝文天祥写信给张世杰劝降，文天祥就把这首诗抄录给张弘范作为答复。

崖山之战成为元军消灭南宋残余势力的最后一战。元军一面占据崖山南端的入海口，一面断绝宋军的淡水来源。二月初七日，元军从东、南、北三面进攻崖山，防线终被突破。宋军顿时溃乱。只有张世杰和苏刘义率10余艘船冲出重围，驶入大海。而陆秀夫等大批朝臣、后宫妃嫔已难逃此劫。

陆秀夫见败局已定，决定殉国，先让自己的妻子儿女投海自尽，然后对8岁的赵昺说："国事至此，陛下当为国死。德祐皇帝受辱已甚，陛下不可再受俘虏之辱了。"说完，背起赵昺，一起跳入大海身亡。流亡政权的后宫、官员、将士纷纷赴海，杨太后也投海自尽，南宋流亡政权覆灭。立国319年的大宋王朝至此也彻底完结。

此后，张世杰收拾残部，仍想继续组织抗元斗争。但是，元军紧追不舍。五月初一日，张世杰率舰撤到广东阳江南海陵港，飓风大作，张世杰从柁楼上坠海而亡。

元至元十九年十二月初八（1283 年 1 月 9 日），文天祥再次拒绝了忽必烈拜他为丞相的劝降。次日，在大都柴市慷慨赴死，时年 47 岁，为这个屈辱的王朝抹上了最后一笔悲壮的亮色。